ANDREAS BUTZ

Das kommt vom Laufen

ANDREAS BUTZ

Das kommt vom Laufen

Schritt für Schritt zum Wunschgewicht

blv

Vorwort

»Ich laufe, damit ich essen und trinken kann, was ich will!«, so sagte mir Oskar-Preisträger und Star-Regisseur Volker Schlöndorff bei unserem Treffen in seiner Berliner Villa. Der Genussmensch Schlöndorff - inzwischen mehrfacher Marathonläufer - bringt auf den Punkt, was immer mehr Menschen in die Parks und Wälder treibt: schlank bleiben - oder werden - und dabei ohne Reue essen und trinken können.

Und genau darum geht es in diesem Buch. Werden Sie durch Bewegung zum Fettverbrenner! Das geht mit keinem Sport so leicht wie mit Laufen. Laufen ist einfach, billig und vor allem effizient. Wussten Sie zum Beispiel, dass Sie die doppelte Zeit zügig walken müssten, um die gleiche Anzahl Kalorien zu verbrennen, wie dies beim langsamen Laufen geschieht? 30 Minuten Laufen = 60 Minuten Walken! Dies fanden finnische Wissenschaftler heraus.

Laufen wird Ihnen leicht fallen, denn der Mensch ist von Natur aus ein Lauftier. Das Talent zum Laufen steckt in unseren Genen, wir müssen es nur ein wenig kitzeln, dann wird aus jedem ein Dauerläufer. Alles was Sie dazu brauchen, ist ein gutes Paar Schuhe und schon können sie loslegen.

Für Ihre Fitness ist es natürlich am besten, sich mehr zu bewegen und zusätzlich die Ernährung zu optimieren. Das ist einfacher als Sie denken und geschieht bei den

meisten Laufanfängern ganz automatisch. Sie entwickeln eine somatische Intelligenz. Wer läuft spürt, was guttut und lässt bleiben, was schadet.

Damit Sie von Anfang an viel Freude am Laufen haben und Erfolge sammeln, habe ich viele Lauftipps für Sie zusammengetragen. Ich weiß, wovon ich spreche. Mir hat Anfang der 90er-Jahre meine besorgte Familie eine Waage unter den Weihnachtsbaum gestellt. Das hat gesessen und war meine Initialzündung zum Laufen. Recht schnell waren die ersten 10 Kilos wieder verschwunden, weitere folgten nach und nach. In den 13 Jahren seit diesem Schlüsselerlebnis lief ich viele Marathon- und Ultraläufe. Mit 70 Kilogramm halte ich heute (41 Jahre, 180 cm, BMI 21,8) problemlos und dauerhaft das Gewicht, das ich auch als 20-jähriger Mann hatte.

Sie werden erleben, Laufen ist besser als jede Diät. Dieses Buch soll Ihnen dabei eine Hilfe sein.

Viel Freude beim Lesen und Laufen
wünscht Ihnen *Ihr Andreas Butz*

Motivation & Grundlagen

Laufen macht schlank! Klar, das wissen Sie. Aber wissen Sie auch, wie viel Spaß Laufen machen kann? Wissen Sie, wie einfach es ist mit einem Lächeln zu laufen, ohne sich zu überanstrengen? Wissen Sie, wie einfach es ist die Werte seiner Pulsuhr zu verstehen? Wissen Sie, wie schnell Sie laufen sollten, um kontinuierlich abzunehmen und Ihr Wunschgewicht zu halten? Und wissen Sie, wie Sie trotz der unüberschaubaren Auswahl genau den Laufschuh finden, der zu Ihnen passt?

Ja, nach diesem Kapitel wissen Sie es!

Viele gute Gründe zu laufen

Herzlichen Glückwunsch! Mit dem Kauf dieses Ratgebers haben Sie einen ganz entscheidenden Schritt getan. Sie wollen abnehmen und ich darf Ihnen mit meinen Tipps dabei helfen. Der Buchkauf ist ein Beleg für Ihre Motivation und diese ist ganz entscheidend für den Erfolg Ihres Vorhabens. Denn Abnehmen beginnt im Kopf, und die praktische Umsetzung erfolgt mit den Füßen. Falls Sie dennoch zweifeln, nachfolgend finden Sie viele gute Gründe, warum Laufen für Sie der richtige Weg zur Traumfigur ist.

Laufen ist einfach, günstig und überall möglich

Laufen Sie einfach los. Holen Sie sich ein paar Laufschuhe, und ab in den Stadtwald. Laufen Sie, gehen Sie, laufen Sie, alles ist erlaubt, Hauptsache, Sie sind 30 bis 40 Minuten unterwegs. Aktivieren Sie Ihr Herz-Kreislauf-System, fordern Sie Ihre Muskeln, Sehnen und Gelenke. Das Tempo ist nicht entscheidend. Entscheidend ist, dass Sie laufen. Laufen können Sie überall, auf Feldwegen, Waldwegen und wenn nicht anders möglich, auch abends durch erleuchtete Industriegebiete und Fußgängerzonen. Im Urlaub können Sie laufen, ein Paar Laufschuhe passen in den kleinsten Reisekoffer. Und in Hotels und auf Passagierschiffen gibt es Laufbänder.

Als Läufer sind Sie unabhängig. Sie brauchen keinen Partner, können laufen, wann immer es in Ihren Zeitplan passt. Und 40 Minuten täglich passen in jeden noch so vollen Terminkalender. Wenn der ehemalige Außenminister Joschka Fischer Zeit fand zu laufen, dann kann es jeder schaffen. Auch Sie!

Laufen ist günstig. Nicht, dass es nicht auch exklusive Angebote für Läufer gäbe – Laufreisen, teure Pulsuhren, ultraleichte Regenjacken –, am Anfang reicht eine Investition von ca. 100 Euro für ein gutes Paar Schuhe. Und schon können Sie loslaufen.

Laufen ist besser als jede Diät

Regelmäßiges Laufen und eine bewusste Ernährung übertreffen jede Diät. Beim Laufen verbrauchen Sie viele Kalorien, verbrennen Fett und Ihre Energiebilanz verbessert sich. Und das Beste, Ihr Lauftraining wirkt sich nach und nach auch auf Ihr Essverhalten aus. Sie entwickeln allmählich eine somatische Intelligenz. Eine innere Stimme sagt Ihnen, was gut für Sie ist. Sie essen nicht mehr so unbedacht. Zwei Beispiele: Wer am frühen Morgen nüchtern läuft, der tauscht beim Frühstück immer öfter das geliebte Nutella-Brötchen gegen ein fruchtiges Müsli ein. Und wer abends läuft, entscheidet sich immer häufiger für einen leckeren Eiweißdrink und lässt das Bier im Kasten.
Nach und nach werden Sie sich immer mehr für die Qualität Ihrer Ernährung interessieren, werden bewusster einkaufen und gezielter in Kantinen und Restaurants Ihr Essen auswählen. Laufen macht definitiv schlank, durch Bewegung und durch eine veränderte Einstellung zur Ernährung.

Sauerstoff tanken und Körpergifte ausscheiden

Laufen ist gesund und lässt Sie länger leben!

Ich kenne nichts Gesünderes als Laufen! Sie werden schlanker, die Figur athletischer. Der Stoffwechsel wird angeregt, die Zuckerverwertung verbessert und die Cholesterinwerte sinken. Auch Ihr Ruhepuls sinkt, das Lungenvolumen wird größer, das Atmen tiefer. Bei einem 40-minütigen Lauftraining tanken Sie die zehnfache Menge Sauerstoff im Vergleich zu Ihren nichtlaufenden Freunden. Ihre Organe und das Gehirn werden besser durchblutet, Körpergifte ausgeschieden. Das Immunsystem wird gestärkt, die Infektionsgefahr verringert. Laufen fördert den Schlaf, Schlafstörungen werden weniger, Sie schlafen tiefer und länger. Mit Laufen beugen Sie Arthrose und Rückenbeschwerden vor. Und warum? Weil der Mensch von Natur aus ein Lauftier ist. Leben Sie natürlich, laufen Sie los!

Laufen hat einen hohen Unterhaltungswert

Was haben Läufer und Golfer gemeinsam? Sie können sich stundenlang über ihren Sport unterhalten. Bei meinen Läufer-Stammtischen unterhalten sich Anfänger

Auch Stretching macht in der Gruppe mehr Spaß.

Neue Freunde bei www.lauftreff.de

Auf www.lauftreff.de finden Sie neben vielen anderen Informationen auch Hinweise zu mehr als 3000 Lauftreffs in Deutschland. Mit Sicherheit finden Sie auch in Ihrem PLZ-Bereich interessante Angebote.

mit Profis mühelos 2 bis 3 Stunden nur über ein Thema: Laufen. Denn jede Tageszeit bietet neue Eindrücke, jede Urlaubsreise neue Terrains, jedes Training neue Erfahrungen.

Und Laufen ist gesellig. Laufen Sie mit Nachbarn, Freunden, Kollegen oder Kunden. Laufen ist ein Familiensport. Bei Volksläufen gibt es neben den Hauptläufen »Bambiniläufe« für die Kleinsten und Hobbyläufe für Einsteiger. Nichtlaufende Familienangehörige werden als jubelnde Zuschauer am Streckenrand gerne gesehen. Auch Firmenläufe erfreuen sich wachsender Beliebtheit. Deutschlands größter Firmenlauf in Frankfurt lockt jährlich über 40.000 Läuferinnen und Läufer an den Start, die sich über 5,6 Kilometer messen. 5600 Meter, auch Sie schaffen das locker. Wenn noch nicht jetzt, dann sicher schon bald.

Jeden Monat erscheinen im deutschsprachigen Raum zehn Laufzeitschriften. Sicher ist auch eine für Sie dabei. Meine Favoriten sind die »aktiv laufen« und die »Runner's World«.

Laufen schafft neue Freunde

Läufer lernen Läufer kennen. Wussten Sie, dass es 16 Millionen Läufer gibt, von denen 3 Millionen mehrfach die Woche laufen? Wussten Sie, dass 100.000 Deutsche, Männer wie Frauen, jährlich mindestens einen Marathon laufen? Wussten Sie, dass es allein in Deutschland mehr als 4000 Volksläufe gibt und über 3000 Lauftreffs? Jetzt wissen Sie es!

Einer von 3000 Lauftreffs findet auch in Ihrer Nähe statt.

Laufen macht erfolgreich – privat und im Beruf

Laufen macht selbstbewusst. Nach dem Laufen wissen Sie, dass Sie etwas geschafft haben. Es gibt kaum Schöneres als die Dusche danach. Sie wissen, dass Sie etwas geleistet haben, haben Muskeln und Geist aktiviert. Ihr Körper verändert sich, wird sportlicher und Ihr Auftreten selbstsicherer. Wer läuft sieht nicht nur besser aus, sondern ist gelassener, seltener gereizt, und kreativer. Die bessere Durchblutung sorgt für ein leistungsfähigeres Gehirn. Die Wirtschaft hat das längst entdeckt und schickt ihre Manager zum Laufen in die Parks. Diese Unternehmen haben verstanden, dass fittere Manager auch die klügeren Köpfe haben. Morgenläufer sind beim Frühstück schon andere Menschen! Morgenläufer sind ihren Berufskollegen weit überlegen. Wer morgens vor der Arbeit läuft, ist schon fit, wenn die Kollegen noch müde in ihren Kaffeetassen rühren. Und Laufen nach der Arbeit entspannt und bereitet auf die Familie vor. Marathonlaufen ist in vielen Chefetagen längst zur Selbstverständlichkeit geworden.

Und Laufen macht glücklich. Endorphine sorgen für ein »Runner's High«, ein Gefühl überschäumenden Glückes, bei dem Sie mit sich und der Welt im Reinen sind, eine Leichtigkeit haben, mit der Sie immer weiter laufen können. Und Läufer haben mehr Lust auf Sex, der Testosteronspiegel steigt. Sex macht müde, auch deshalb schlafen Sie besser.

Wenn Sie noch mehr Gründe kennen, warum alle Menschen laufen sollten, dann schreiben Sie ein paar Zeilen an andreas@laufcampus.com. Die schönsten Gründe werde ich auf meiner Internetseite www.laufcampus.com veröffentlichen.

Einfach loslaufen – 10 Antworten auf drängende Fragen

Sie sollten das Buch kapitelweise von vorne nach hinten studieren und es später bei Fragen als Nachschlagewerk benutzen. Doch auf einige brennende Fragen vieler Anfänger oder Wiedereinsteiger möchte ich vorab schon mal eingehen:

FAQs – Die 10 am häufigsten gestellten Fragen

Warum ist Laufen der beste Weg, um abzunehmen?

Wer mehr Kalorien verbraucht, kann auch mehr Kalorien konsumieren. Laufen ist der effektivste und bequemste Weg, um Ihren Energieumsatz dauerhaft zu erhöhen. Und das Beste ist: Wer regelmäßig läuft, der verbrennt allein durch die vermehrte Muskelmasse mehr Kalorien, selbst wenn er nichts tut. Durch Laufen werden Sie definitiv zum Fettverbrenner.

Wann fange ich an abzunehmen?

Vorausgesetzt, Sie trainieren mindestens 3- bis 4-mal pro Woche 40 Minuten, werden Sie schon nach 6 bis 10 Wochen erste Erfolge haben. Sehen werden Ihre Freunde und Verwandten Ihre neue Sportlichkeit schon früher, denn Ihre Figur wird auch bei gleichbleibendem Gewicht durch den geringeren Körperfettanteil und die gestärkte Bein- und Rumpfmuskulatur immer athletischer. Aber auf der Personenwaage, also in absoluten Zahlen ausgedrückt, erkennen Sie die Erfolge erst nach 1 bis 2 Monaten. Halten Sie so lange durch, es lohnt sich!

Nach 6 bis 8 Wochen meldet die Waage erste Erfolge.

Wie wirkt sich das Lauftraining auf meine Figur aus?

Mit zunehmendem Training stellen sich unter anderem zwei gewollte Effekte ein. Sie verbrennen verstärkt Fett und bauen Muskeln auf. Muskeln sind schwerer als Fett, somit verlieren Sie zunächst kaum an Gewicht, nehmen unter Umständen kurzfristig sogar einige Hundert Gramm zu. Dieser Effekt wirkt umso stärker, je länger Sie vorher mit dem Sport pausiert haben. Doch mit jedem Gramm Muskeln verstärken Sie auch Ihre Fähigkeit Fett zu verbrennen. Schon bald bauen Sie mehr Fettzellen ab als Muskelzellen auf. In welchen Körperregionen Sie zuerst abnehmen, das ist bei jedem Menschen anders. Bei vielen fängt irgendwann die Hose zu schlackern an, andere verlieren als Erstes ihr rundes Gesicht.

Machen Körperfettwaagen den Erfolg schneller sichtbar?

Wenn Sie die oben beschriebenen 6 bis 8 Wochen nicht abwarten wollen, können Sie sich eine Körperfettwaage zulegen. Diese misst, mehr oder weniger genau, den Wasser-, Fett- und Muskelgehalt im Körper. Wenn auch die Anzeige nicht unbedingt mit den Ergebnissen einer Körperfettmessung beim Hausarzt übereinstimmt, die Tendenz der Gewichts- und Fitnessveränderung ist jedoch gut und früher als bei herkömmlichen Personenwaagen ablesbar.

Laufen mit Trainer ist besonders effektiv.

Wie oft soll ich trainieren?

Einmal ist keinmal, zweimal ist Formerhaltung, ab dreimal Training pro Woche finden allmähliche Anpassungen des Körpers statt. Sie können aber auch täglich trainieren, schließlich essen und trinken Sie auch täglich! Auf die Häufigkeit und Qualität kommt es an, beim Essen genauso wie beim Training!

Wie lange soll ich pro Einheit laufen?

Ich empfehle Ihnen tägliches Training von mindestens 40 Minuten. Ab 30 Minuten Ausdauersport kommen die positiven Effekte des Laufens zum Tragen: die Stärkung des Herz-Kreislauf-Systems, ein nennenswerter Kalorienumsatz und die Kräftigung der Muskulatur. Programmieren Sie Ihren Kopf daher auf 40 Minuten Sport pro Tag. So laufen Sie mit Sicherheit auf der Gewinnerspur!

Woher weiß ich, dass ich in der »Fettverbrennungszone« laufe?

Keine Sorge, lassen Sie sich nicht irritieren. Sie verbrauchen immer Fett, wenn Sie langsam laufen und wenn Sie zügig unterwegs sind. Absolut gesehen: Je intensiver Sie trainieren, umso mehr Kalorien werden verbrannt. Prozentual gesehen: Je langsamer, umso mehr. Entscheidend ist die Energiebilanz, und für die zählt jeder Meter und jede Minute, die Sie laufen. Laufen Sie zunächst einfach mal langsam los, und der gewünschte Effekt wird sich einstellen.

Brauche ich zum Training eine Pulsuhr?

Nein, brauchen Sie nicht, macht aber gerade bei Anfängern absolut Sinn. Achten Sie zunächst auf Ihr Körpergefühl und beherzigen Sie meinen wichtigsten Rat: »Laufen ohne Schnaufen«. So lange Sie sich noch unterhalten können, so lange laufen Sie auf jeden Fall richtig. Sollte die Luft nur noch für ein kurzes ja oder nein reichen, dann laufen Sie unter Umständen zu schnell. Wenn Sie jedoch gerne herzfrequenzorientiert trainieren und Sie Ihre optimalen Trainingsbereiche kennen, dann ist eine Pulsuhr ein optimaler Trainingspartner.

Beim Laufen wird immer Fett verbrannt.

Wann ist die beste Tageszeit zum Laufen?

Die beste Zeit ist die, zu der es Ihnen am einfachsten fällt zu laufen. Beim Morgenmuffel ist es vielleicht der Nachmittag, für Frühaufsteher der Morgen, für Handelsreisende möglicherweise die Mittagspause. Ganz egal wann Sie laufen, Hauptsache Sie laufen.

Und was soll ich machen wenn ich krank bin?

Im Zweifelsfalle sollten Sie pausieren und Ihre Krankheit auskurieren. Gerade bei fiebrigen Infekten ist von Sport dringend abzuraten. Machen Sie sich keine Sorge um Ihre Form. Viele Bestzeiten von Hobbysportlern sind nach verletzungsbedingten Zwangspausen gelaufen worden, weil der Körper die Pause mit einer intensiveren Regeneration und damit verbesserten Leistungsfähigkeit belohnt. Bei leichtem Schnupfen oder Hüsteln ist gegen Laufen in moderatem Tempo aber nichts einzuwenden.

Tipps für den Start ins Läuferleben

Laufen kann jeder, von Kindesbeinen an. Wer uns Knüppel in die Beine wirft, ist nur der sagenumwobene Schweinehund. Gerade für Anfänger ist nicht das Know-how, sondern die Motivation die größte Herausforderung. Wenn das Anfangen auch noch einfach ist, das Dabeibleiben ist entscheidend für den Erfolg.

Fixieren Sie ein ganz konkretes Ziel

Mir persönlich hat das »Ziel Marathon« geholfen. *Nur* wieder schlank zu werden – das war die eigentliche Botschaft meiner Familie der im Vorwort erzählten Anekdote –, das wäre mir wahrscheinlich zu wenig gewesen. Ein großes Ziel wollte ich erreichen, und die attraktivere Figur sollte sich als angenehmer Nebeneffekt einstellen. Bei mir hat es funktioniert, im Mai 1995 bin ich meinen ersten Marathon gelaufen und das Fett schmolz im Training dahin. Nach und nach habe ich 15 Kilogramm abgenommen. Aber das Wichtigste für meine Fitness: Der Erfolg hat meine Lust am Laufen gemehrt, ich bin dabeigeblieben, habe seither nicht wieder aufgehört und einige Marathons mehr sind inzwischen auch dazu gekommen. Dabei war das Erlebnis aber immer wichtiger als die erreichte Endzeit oder Platzierung.

Melden Sie sich noch heute zu einem Volkslauf an

5 oder 10 Kilometer, das ist ganz egal! In nur 8 Wochen schafft es jeder, auch der blutigste Anfänger, 5 Kilometer am Stück zu laufen. Ab Seite 65 finden Sie den geeigneten Trainingsplan für dieses Ziel.

Spezielle Chips am Schuh ermöglichen die Zeitmessung bei Wettkämpfen.

Wenn Sie schon eine Grundfitness haben, dann werden für Sie auch 10 Kilometer kein Problem sein. So oder so, nehmen Sie sich auf jeden Fall ein realistisches Ziel vor, es muss nicht gleich ein Marathon sein. Und wenn doch, auch dann sind Zwischenschritte wie ein 5-, ein 10-Kilometer-Lauf oder ein Halbmarathon der richtige Weg. Wichtig aber bleibt, dass Sie sich ein ganz konkretes Ziel vornehmen, ein Datum fixieren und am besten auch Ihrer Familie und Ihren Freunden davon erzählen. »Ich nehme jetzt 5 Kilogramm ab« ist als Ziel zu dünn! »Ich laufe Silvester meinen ersten Volkslauf. Ich bin schon angemeldet!«
Das ist ein tolles Ziel, und ob Sie bis dahin 4 oder 6 Kilogramm leichter sind, das sollte für Sie zur Nebensache werden. Nach einer erfolgreichen Teilnahme an einem Volkslauf werden Sie nie wieder mit dem Laufen aufhören, und Ihr Wunschgewicht wird sich zwangsläufig einstellen.

Trinken Sie bei einem Volkslauf ausreichend.

Volksläufe direkt vor Ihrer Haustür

Besuchen Sie im Internet www.leichtathletik.de und klicken Sie dort auf »Volkslaufkalender«. Hier finden Sie rund 4000 Veranstaltungstermine, sortiert nach Bundesland und Daten. Die meisten Einträge sind mit den Internetseiten der Laufveranstalter verbunden, die Ausschreibungen mit den wichtigsten Informationen zur jeweiligen Veranstaltung bieten. Mit wenigen Mausklicks werden Sie so eine geeignete Veranstaltung in Ihrer Region finden.

Treffen Sie Gleichgesinnte bei Lauftreffs

Mehr als 3000 Lauftreffs kennt die Internetseite www.lauftreff.de und ganz sicher sind auch einige Treffs in Ihrer Nähe dabei. Nehmen Sie zu den Lauftreffleitern zunächst telefonischen Kontakt auf, fragen Sie nach, ob auch Anfänger willkommen sind beziehungsweise ob Laufgruppen unterschiedlicher Leistungsstärken mitlaufen.
Bei vielen Lauftreffs sind gerade Anfänger oder Wiedereinsteiger gerne gesehen. Sie treffen dort Gleichgesinnte, können sich wertvolle Tipps holen und vor allem, Sie haben einen festen Termin im Wochenkalender. Es wird Ihnen leicht fallen diesen einzuhalten, weil Laufen in der Gruppe viel motivierender ist als alleine.

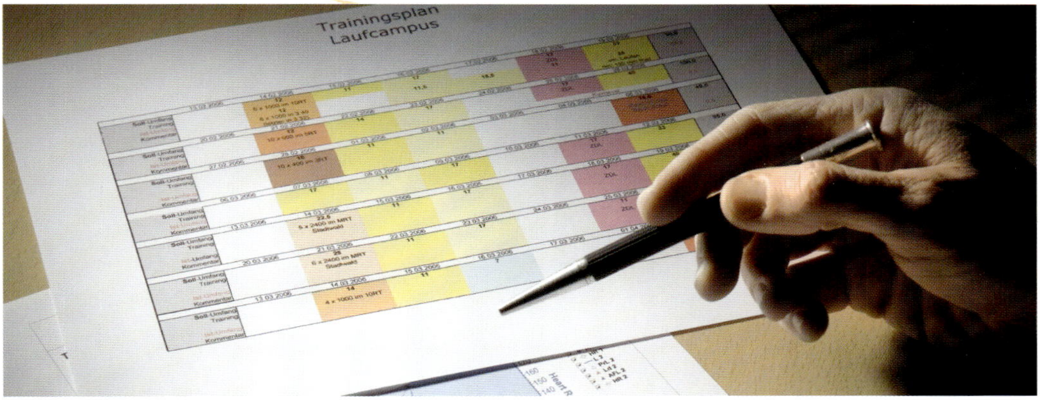

Trainingspläne geben Sicherheit und Trainingstagebücher motivieren.

Führen Sie ein Trainingstagebuch

Ich mache es, und viele tausend andere Läufer auch. Ich notiere zu jedem Training einige Daten: Die gelaufenen Kilometer, die benötigte Zeit und den durchschnittlichen Puls. Und das macht Sinn: Am Ende der Woche, am Ende eines jeden Monats und zum Jahresende zu sehen, wie viele Kilometer man gelaufen ist, das macht stolz und motiviert. Notieren auch Sie von Anfang an Ihre Leistungen in Ihrem Kalender und freuen Sie sich sonntags darüber, dass Sie in der Vorwoche 150 Minuten gelaufen sind und im letzten Monat mehr als 10 Stunden. Die in diesem Buch veröffentlichten Trainingspläne können Sie als Excel-Tabelle mit Soll- und Ist-Vergleich beim Autor anfordern. Dann können Sie Ihre Aufzeichnungen auch bequem am Computer machen. Schreiben Sie in diesem Fall ein paar Zeilen per E-Mail an andreas@laufcampus.com.

Belohnen Sie sich

Klar, die sinkende Zahl auf der Waage und die ansteigende Formkurve ist eigentlich Lohn genug für die Lauferei. Aber erfüllen Sie sich ruhig ein paar kleine oder größere Extrawünsche, die Sie heute schon festlegen und mit denen Sie sich bei der Erreichung bestimmter Zwischenschritte entsprechend belohnen. Ein paar Ideen dazu: Kaufen Sie sich nach zwei Wochen mit jeweils viermal 40 Minuten Lauftraining ein paar extra Laufsocken von X-Socks oder TAO. Diese haben eine super Passform, kosten aber ein paar Euro mehr als normale Socken, sind damit eine adäquate Belohnung.

Nach einem Monat Lauftraining könnte ein Abonnement einer guten Laufzeitung wie zum Beispiel »aktiv laufen« oder »Runner's World« ein gutes Präsent sein; nach einem Vierteljahr vielleicht eine neue schicke Sportuhr mit Herzfrequenz- und Distanzmessung von Suunto oder Polar.

Melden Sie sich noch heute zu einem Silvesterlauf an!

Silvester, 0:09 Uhr:
»Und, welche Vorsätze hast du für das neue Jahr?«
»Also, ich werde in Zukunft regelmäßig laufen! Gleich morgen fange ich damit an.«
Zwei Wochen später:
»Sag mir, wie oft warst du schon joggen? Das hast du dir doch vorgenommen!«
»Weißt du, wie betrunken ich da war?«

Zugegeben, der Dialog ist frei erfunden, doch Sie werden mir zustimmen, er könnte sich so zugetragen haben. Jemand nimmt sich etwas vor – weil dies üblich ist an Silvester – und kann dann seine neuen Ziele nicht einhalten. Das Jahr beginnt mit einer kleinen persönlichen Niederlage.
Wäre es da nicht viel besser das alte Jahr mit einem Höhepunkt zu beenden und daraus gestärkt in das neue Jahr zu gehen? Eine rhetorische Frage, natürlich ist es das und deshalb fordere ich Sie auf: Melden Sie sich noch diese Woche für einen Silvesterlauf an! Wo auch immer Sie Silvester feiern werden, wahrscheinlich findet ein schöner Lauf sogar ganz in Ihrer Nähe statt. Kein anderer Tag im Laufkalender ist mit so vielen Angeboten gespickt wie der 31. Dezember. Sehr populär ist der Silvesterlauf in Deutschlands ältester Stadt. Trier kokettiert damit das deutsche Sao Paulo zu sein, zumindest im Hinblick auf die Stimmung am Streckenrand. Als Geheimtipp für Landschaftsläufer gilt der Euskirchener Silvesterlauf. Ein- bis dreimal rund um den Steinbachsee – das liefen in den letzten Jahren an die tausend Läuferinnen und Läufer.
Jeder Silvesterlauf hat seine eigenen Reize, aber den besonderen Reiz, die Magie des letzten Tages im Jahr, den haben alle gemeinsam. Ich fordere Sie daher nochmals auf: Melden Sie sich recht bald, zusammen mit Ihrer Familie, mit Ihren Freunden oder Ihren Arbeitskollegen, für einen Silvesterlauf an. Ein gemeinsames Erfolgserlebnis verbindet. Die meisten Veranstalter bieten neben einem längeren Hauptlauf auch kürzere Einsteigerläufe an sowie Jugend-, Schüler-, Bambiniläufe und Nordic-Walking-Strecken.
Gerade für Laufanfänger ist ein Silvesterlauf ein lohnendes Ziel. Selbst wenn Sie bisher noch nie gelaufen sind und erst im Spätsommer damit starten: Mit anfänglich nur 3-mal 40 Minuten Training in der Woche werden Sie es schaffen, an Silvester eine Strecke von 5 bis 10 Kilometer locker laufen zu können. Fortgeschrittene Läufer hingegen, die das ganze Jahr über schon sportlich aktiv waren, legen in der Regel in den ersten Wintermonaten einige Regenerationswochen ein. Für sie ist der Silvesterlauf eine erste Standortbestimmung und der Beginn des Aufbautrainings für die läuferischen Höhepunkte im kommenden Frühjahr. Also ich laufe an Silvester in Euskirchen, und Sie?

Die richtige Ausrüstung

Was für ein Typ sind Sie? Wollen Sie erst mal klein anfangen, möglichst wenig Geld ausgeben, um die ersten Lauferfahrungen zu sammeln, oder motivieren Sie sich gerne selbst durch ein möglichst komplettes Outfit von Anfang an? Ein gutes paar Schuhe reicht am Anfang, doch mit guten Laufsocken, atmungsaktiver Funktionskleidung, EKG-genauen Herzfrequenzmessern und allerlei praktischem Zubehör können Sie Ihre Laufausrüstung optimieren. Für jeden Geldbeutel werden Sie viele interessante Angebote finden. Nicht immer ist von Discountern abzuraten, doch Markenprodukte vom Fachhandel sind meistens der bessere Weg. Hier können Sie sich kompetenten Rat vom Fachverkäufer holen, können die Waren probieren und finden im Zweifelsfall auch genügend Alternativen.

Gute Laufschuhe – ab 100 Euro sind Sie dabei!

Sportkleidung werden Sie im Kleiderschrank sicher finden. Eine unumgängliche Investition ist ein gutes Paar Schuhe! Nein, lassen Sie die alten Tennisschuhe im Schrank. Die Verletzungsgefahr beim Laufen ist mit ungeeigneten Schuhen definitiv zu hoch. Gönnen Sie sich von Anfang an ein Paar geeignete Laufschuhe, die die Arbeit Ihrer Füße und Beine optimal unterstützen.

Langsames Geradeaus-Laufen ist zwar die denkbar einfachste Bewegungsform, doch genau darin liegt der Haken. Immer wieder werden Füße und Beine gleich stark belastest, 30, 40, 50 Minuten lang. Bei jedem Laufschritt – ein Laufschritt ist in Wahrheit ein kleiner Sprung – wirkt das Drei- bis Vierfache des Körpergewichtes auf Ihre Füße (beim Gehen nur das 1,5-Fache).

Gute Laufschuhe sind ein Muss.

10 Tipps für den Laufschuhkauf – so fordern Sie jeden Fachverkäufer

1. Achten Sie bei der Auswahl darauf, dass der Laufschuh für Ihr Körpergewicht geeignet ist. Es gibt spezielle Schuhe für schwergewichtige Läufer, und das macht auch Sinn. Unabhängig vom BMI gilt ein Läufer für die Schuhindustrie als schwergewichtig, wenn er mehr als 85 Kilogramm wiegt. Da beim Laufen das Dreifache des Körpergewichtes auf Fuß und Schuh wirken, müssen Schuhe für schwergewichtige Läufer stärker gedämpft und gestützt sein.
2. Wenn bekannt, dann nennen Sie Fußtyp und Beinstellung, zum Beispiel Senk-, Spreiz-, Knick-, Hohlfuß, O-Bein. In manchen Schuhgeschäften können Sie Ihre Füße auch scannen lassen und erhalten damit wichtige Informationen über Ihre Füße. Lassen Sie aber auf jeden Fall beide Füße vermessen. Nicht selten ist ein Fuß größer als der andere. Bei der Anprobe sollten Sie daher zunächst den Schuh am größeren Fuß auf Passgenauigkeit überprüfen.
3. Für jeden Laufstil gibt es geeignete Schuhe, zum Beispiel für Fersen-, Mittel- oder Vorfußläufer. Auch das Abknickverhalten, die sogenannte Pronation, ist für die Schuhwahl sehr wichtig. Über eine Videoaufzeichnung beim Testlauf auf einem Laufband erfahren Sie, ob Sie eine normale oder eine Überpronation (Einknicken des Fußgelenkes nach innen) haben. Eine Supination (Knicken nach außen) ist eher selten. Aus dem Abrieb der Sohle zuletzt getragener Laufschuhe kann Ihr Schuhverkäufer dies vorab erkennen. Damen sollten einen speziellen Damenleisten verlangen. Bei Damen mit größeren Füßen spricht aber auch nichts gegen die Verwendung eines Herrenschuhs.
4. Der Verwendungszweck der Laufschuhe spielt auch eine Rolle. An leichte Wettkampf- oder profilierte Trailschuhe zum Beispiel werden ganz unterschiedliche Anforderungen gestellt. Für Ihren Trainingsschuh sollte der überwiegende Untergrund auf Ihren heimischen Laufrunden entscheidend sein.
5. Kaufen Sie Laufschuhe zu einer späten Tageszeit oder sogar nach einem kleinen Trainingslauf, da der Fuß dann durch die Blutstauung sein größtes Volumen erreicht hat.

Testen Sie Laufschuhe vor dem Kauf ausgiebig.

10 Tipps für den Laufschuhkauf – so fordern Sie jeden Fachverkäufer

6. Zur Anprobe sollten Sie Laufsocken tragen, da die Schuhgröße durch dickere oder dünnere Socken bis zu einer halben Nummer differieren kann.
7. Achten Sie bei der Anprobe auf ausreichend Zehenfreiheit, da sich der Fuß beim Abdruck nach vorne schiebt. Machen Sie den Test, indem Sie einen Stemmschritt nach vorne machen, den hinteren Fuß abrollen und den Verkäufer bitten am hinteren Fuß den Spielraum der Zehen nach vorne zu überprüfen. Ein halber Zentimeter sollte noch Platz sein. Erschrecken Sie nicht: Eineinhalb oder zwei Nummern mehr als bei Ihren Straßenschuhen gewohnt, ist für Laufschuhe ganz normal – besonders bei Läuferinnen. Kaufen Sie auf keinen Fall aus falscher Eitelkeit kleinere Schuhe.
8. Ebenso sollte der Fuß im Ballenbereich nicht vom Obermaterial eingeengt werden, da ansonsten die Bewegung der Knochen, Sehnen und Muskeln beeinträchtigt wird. Muskelverspannung und Sehnenbeschwerden können bei zu engen Schuhen die Folge sein. Einige Schuhanbieter wie Brooks oder New Balance bieten Laufschuhe in verschiedenen Weiten an. Fragen Sie gezielt danach.
9. Sie sollten die Laufschuhe einige Zeit anbehalten und möglichst laufend ausprobieren. Sie sollten darauf bestehen die in Frage kommenden Schuhe auf einem Laufband zu testen. Gute Fachhändler nehmen dabei Ihr Aufsetz- und Abrollverhalten per Video auf und zeigen Ihnen am Bildschirm, ob der Schuh für Sie geeignet ist oder nicht. Manche Händler gestatten auch einen Einsatz der Schuhe vor dem Geschäft. Das erleichtert die Wahl!
10. Wenn der Schuh an der Ferse rutscht, kann dies auch an der Schnürung liegen. Testen Sie es aus, Ihr Verkäufer sollte Ihnen verschiedene Schnürungen zeigen können. Oft reicht es auch, die hintere Öse zu nutzen oder eben nicht. Ein Schlupfen des Schuhs sollte unbedingt vermieden werden, weil durch die Reibung Blasenbildung die Folge sein kann.

Und jetzt rechnen Sie selber: Ihr aktuelles Körpergewicht mal drei macht ... Kilogramm.

Ca. 100 Euro sollten Sie für ein gutes Paar Laufschuhe rechnen. Gehen Sie zum Kauf unbedingt zu einem Fachhändler, lassen Sie sich von einem erfahrenen Läufer beraten, der mit Ihnen eine Laufband-Videoanalyse macht. Denn Vertrauen ist gut, Kontrolle ist besser. Bei einer Videoanalyse können Sie die ausgewählten Schuhe auf einem Laufband zur Probe tragen. Ihr Laufschritt wird dabei von einer Kamera aufgenommen. Im Anschluss daran können Sie sich gemeinsam mit Ihrem Laufschuhverkäufer davon überzeugen, ob der Schuh für Sie geeignet ist oder nicht.

Schuhe für jeden Untergrund, jeden Laufstil und jedes Wetter

Es ist wirklich nicht einfach, den richtigen Laufschuh zu finden. Das liegt an den vielen Anbietern, der großen Auswahl, den verwirrenden Bezeichnungen und den zum Teil widersprüchlichen Trends. Zwischen »Stabilschuhen für schwergewichtige Läufer« und »Schuhen mit Barfußtechnologie« liegen Welten.

Der Fuß ist ein Wunderwerk der Natur. 29 Muskeln, 26 Knochen und 37 Gelenke sorgen dafür, dass der Mensch seit zwei Millionen Jahren aufrecht gehen und laufen kann. Die Herausforderung lautet nicht, einen Schuh mit viel Schnickschnack zu kaufen, der den Fuß neu erfindet. Es gilt das Lauftalent zu wecken und dabei möglichst *natürlich* zu laufen. Kaufen Sie Schuhe, die Sie dabei unterstützen, den Fuß schützen, ihm aber genug Freiraum für eine natürliche Laufbewegung geben. Unnatürlich sind topfebene Wege, asphaltierter Untergrund, Übergewicht und Fersenfußlaufen. Aber genau dafür hat die Laufschuhindustrie verschiedene Antworten parat.

Für jeden Laufstil gibt es die passenden Laufschuhe.

Meine grundsätzliche Empfehlung lautet: Wenn Sie lange Zeit keinen Sport getrieben haben, nutzen Sie die entlastenden Eigenschaften von »Stabilschuhen« mit guter Dämpfung und leichter Pronationsstütze und laufen Sie auf möglichst ebenen Wegen.

Wenn Sie jedoch bereits gut trainiert sind, kein Übergewicht haben (BMI < 24) bzw. sobald Sie als Laufanfänger die ersten deutlichen Trainingsfortschritte gemacht haben, frühestens nach 3 Monaten, laufen Sie mehr und mehr *natürlich*. Das heißt auf unebenen Waldwegen, mit Schuhen, die den Fuß immer weniger führen und den Gelenken und Bändern mehr Spielraum lassen. Der Fachhandel bezeichnet solche Laufschuhe als »Light-Weight-Trainer«. Sie fordern und trainieren Ihren Bewegungsapparat in diesen Schuhen deutlich mehr und beugen durch dieses Training der stützenden Bänder und Muskeln Verletzungen und Überbelastungsschäden vor. Laufen Sie ab und zu auch mal barfuß, zum Beispiel auf dem Rasen eines Fußballplatzes. Wenn Sie dann Muskelkater bekommen, nicht zaudern, freuen Sie sich, dass Sie wichtige Muskeln mit diesem Training aktiviert haben und wiederholen Sie dieses Barfußtraining wöchentlich.

Noch ein paar Pflegehinweise für Laufschuhe: Warmes Wasser und Spülmittel reichen für den oberflächlichen Schmutz meist aus. Den unschönen Schmutz aus dem Netzobermaterial bekommen Sie damit freilich nicht raus. Grundsätzlich sind Laufschuhe nicht für die Waschmaschine gemacht. Der Kunststoff könnte porös werden, der Kleber sich lösen. Wenn Sie dennoch den Wurf in die Waschmaschine wagen wollen (ich mache es ab und zu), dann waschen Sie diese bei 30 Grad und stecken die Schuhe mit einem Handtuch in einen Kopfkissenbezug, das dämpft die Klopfgeräusche.

Auf Start drücken und loslaufen

Sportuhren, Herzfrequenzmesser, Distanzmessgeräte

Zum Anfang reicht eine einfache Uhr, an der Sie lediglich die Zeit ablesen können. Denn Sie sollten 30 bis 40 Minuten pro Training unterwegs sein. Auch wenn Sie zu Beginn vielleicht hauptsächlich gehen sollten und nur ab und zu Trabeinheiten einlegen, das ist ganz egal, doch an die 40 Minuten sollten Sie sich bald gewöhnen. Laufen Sie 20 Minuten von zu Hause weg und drehen Sie dann um, und schon ist Ihr Tag auf Erfolg programmiert.

Eine schlichte Sportuhr reicht zum Laufen daher zunächst vollkommen aus. Alles weitere ist Luxus, aber dieser Luxus kann den Spaß am Laufen deutlich erhöhen und die Effektivität des Trainings sicherstellen. Ich selber gehe nur selten ohne Puls- und/oder

Bei der RS200 und der RS400 können Sie 5 Sportzonen einstellen.

Distanzmessgerät (z. B. Polar 200sd oder Garmin Forerunner 305) aus dem Haus. Die Kenntnis meiner Herzfrequenz-Trainingsbereiche gibt mir Sicherheit beim Training und schützt mich vor un- bzw. kontraproduktiven Laufeinheiten.

Ein Distanzmessgerät erlaubt mir zudem die Freiheit immer neue Strecken auszuprobieren. Ich liebe es Trainingstagebuch zu führen und im Anschluss an mein Training die Belastung, Kilometer und manchmal auch persönliche Eindrücke (»heute

Entscheidungskriterien beim Kauf einer Sportuhr

1. Reicht Ihnen die Zeitmessung, wollen Sie zusätzlich die Herzfrequenz angezeigt bekommen oder sogar noch die Geschwindigkeit und die zurückgelegte Distanz?
2. Bei der Zeitmessung sollten Sie auf die Möglichkeit der Zwischenzeitnahmen achten. Wenn Sie mal Tempotraining oder Intervalltraining machen wollen, dann werden Sie die jeweiligen Rundenzeiten interessieren.
3. Bei der Herzfrequenzmessung sollten Sie eine Uhr mit zugehörigem Brustgurt wählen. Inzwischen gibt es sogar Brustgurte, die in Sport-BH's und Sportunterwäsche integriert werden können. Herzfrequenzmessung mit Fingerkontakt ist höchst unpraktisch und ungenau. Brustgurte aus Textil sind deutlich angenehmer zu tragen als Brustgurte mit langem Plastikbügel.
4. Für mich ist ein codierter Brustgurt bei Herzfrequenz-Messgeräten zwingend erforderlich. Das bedeutet, dass die Uhr tatsächlich meine Herzfrequenz anzeigt und nicht die von einem Mitläufer. Das macht bei Teilnahmen an Lauftreffs oder Volksläufen besonders viel Sinn.
5. Funktionen wie »Fitness-Tests« und »Own-Zone« sind nicht unbedingt notwendig, dann aber hilfreich, wenn Sie noch keine Leistungsdiagnostik zur Bestimmung der eigenen Trainingsbereiche gemacht haben.
6. Zur Motivation: Gerade wenn Sie laufen um abzunehmen, kann die Anzeige der verbrauchten Kalorien als Zusatzfunktion interessant sein.
7. Ähnlich wie Gesamtzeit und Herzfrequenz nutzt auch die gelaufene Geschwindigkeit der Trainingskontrolle und Trainingssteuerung. Wenn Sie ohne lange zu rechnen wissen wollen, wie schnell Sie gerade laufen und wie weit die Distanz bisher war, dann kommen Sie um ein Distanzmessgerät nicht herum. Dabei gibt es verschiedene Technologien, am vielseitigsten einsetzbar ist die GPS-Messung.
8. Wollen Sie die Trainingsdaten nicht nur an der Uhr angezeigt bekommen, sondern auch speichern und auf den heimischen PC überspielen? Auch das kann Spaß machen und der nachträglichen Trainingskontrolle dienen.

Moderne Funktionskleidung sorgt für ein angenehmes Körpergefühl.

ging es mir richtig gut«) zu notieren. Der Blick auf die Summe der Wochen-, Monats- und Jahreskilometer macht stolz und motiviert.

Laufkleidung für alle Einsätze

Kaufen Sie auch deshalb, weil es Sie hübscher macht!
Sowohl die Funktion der Lauftextilien als auch Ihr modisches Gespür sollte beim Kauf neuer Kleidung berücksichtigt werden. Neue Kleidung dient ganz besonders der eigenen Motivation. Mit frischen Farben, modischen Schnitten und natürlich guter Qualität macht es mehr Spaß sich auf die Laufstrecken zu begeben als in alten Baumwoll-Jogginganzügen aus dem letzten Jahrzehnt. Scheuen Sie also nicht Ihrer Lust auf neue Outfits nachzugeben. Wenn Sie dann noch lieber loslaufen, hat sich der Einkauf bereits gelohnt.

MEIN TIPP

Gerade als Anfänger dürfen Sie sich nach vier erfolgreichen Laufwochen mit kleinen Anschaffungen belohnen. Das muss nicht teuer sein. Ein paar Sportsocken, Reflektorstreifen, ein Kopftuch oder eine Laufzeitung sind für wenig Geld zu haben!

Laufsocken müssen sein

Was nützen die besten Laufschuhe, wenn Ihnen die Socken keinen festen Halt geben, verrutschen oder gar Druckstellen verursachen. Eine Naht an den Zehen kann für schmerzhafte Blasen sorgen und diese für einige Tage Zwangspause. Tennissocken gehören in Tennisschuhe, in Laufschuhe gehören Laufsocken. Kaufen Sie diese bei der nächsten Anschaffung neuer Laufschuhe am besten gleich mit, noch besser: Probieren Sie die neuen Laufschuhe gleich mit Ihrem neuen Paar Laufsocken.
Zu unterscheiden ist zwischen Sommer- und Winterware. Modisch bewusste Läufer greifen gerne zu kurzen Sneakers. Vom Laufen ohne Socken ist dringend abzuraten.

Laufunterwäsche muss eng anliegen

Damit der Feuchtigkeitstransport von der Haut weg optimal funktioniert, sollte die Laufunterwäsche aus Funktionsmaterial eng anliegen. Baumwollunterwäsche saugt die Feuchtigkeit auf und hält den Schweiß am Körper. Das kann gerade bei kühlem Gegenwind sehr unangenehm sein. Ich persönlich trage in der Regel keine Laufunterhose, wenn dann nur im Winter mit speziellen windabweisenden Membranen. Läuferinnen sollten spezielle Sport-BHs tragen. Diese haben breitere Träger, die beim Laufen nicht einschneiden. Sport-BHs geben mehr Halt und schützen das Brustgewebe gegen zu starkes Auf und Ab.

Funktionskleidung

Man lese und staune: Es gibt Kleidung, die eine Funktion hat! Was sich zunächst seltsam anhört beschreibt sehr genau, worauf es bei guter Laufkleidung ankommt. Laufkleidung muss funktionieren, in der Regel wird damit der Feuchtigkeitstransport weg von der Haut gemeint. Im Gegensatz zur saugkräftigen Baumwolle soll Funktionskleidung, in der Regel Synthetik, den Schweiß weiterleiten, die Haut so möglichst trocken halten und den Körper vor Auskühlung und Erkältung schützen. Zum besseren Verständnis hilft die Vorstellung, wie viel Flüssigkeit Sie beim Laufen verlieren. Bei mir sind das ca. 100 ml pro gelaufenen Kilometer, bei einem Lauf über 15 Kilometer verliere ich so ca. 1,5 Kilogramm. Bei Läufern mit herkömmlichen Jogginganzügen bleiben diese 1,5 Liter in der Kleidung hängen, sie wird nass und schwer. Funktionskleidung hingegen hilft bei der Verdunstung, gerade mal 200 Gramm bleibt in der Kleidung hängen. Damit dieser Effekt aber auch funktionieren kann, dürfen Sie bei mehreren Lauftextilien übereinander auch nur Funktionskleidung anziehen: ein Laufunterhemd, ein langärmeliges Laufshirt und eine atmungsaktive Laufjacke zum Beispiel. Neben dem Feuchtigkeitstransport sind Wind- und Sonnenschutz weitere wichtige Funktionen.

Laufhosen gibt es in verschiedenen Längen.

Laufhosen als Shorts, Tights oder Leggins

Kurze Flattershorts sieht man fast nur noch auf Fußballplätzen, bei Läufern aber immer seltener. Die eng anliegenden und praktischen »Short Tights« (bis Knielänge) oder »Long Tights« (bis zum Fußknöchel) haben sich durchgesetzt. Sie schützen am effektivsten gegen Witterungseinflüsse und bei kräftigeren Beinen gegen Wundwerden durch Reibung der Oberschenkel.

Im Winter bewirken dickere, innen aufgeraute und auf der Vorderseite mit windabweisenden Membranen versehene Lauftights wahre Wunder. Für europäische Winter erlaubt die Sportindustrie jedenfalls keine Ausrede mehr.

Oberteile

Auch Oberteile gibt es für jeden Anlass (Wettkampf oder Training), jede Jahreszeit und jeden Geschmack. Von Trägertop-Shirts, sogenannten »Singlets«, über

TIPP FÜR KRÄFTIGERE FIGUREN

Einige Sportmarken, TAO Technical Wear zum Beispiel, haben neben der Laufkleidung auch eine eigene Kollektion an Textilien für Nordic Walker. Diese sind in der Regel eher weiter geschnitten und haben bei fülligeren Figuren einen schöneren Schnitt als die meist eng geschnittene Laufkleidung.

Trinkrucksäcke sind im Sommer bei langen Läufen ratsam.

T-Shirts, bis zu langärmeligen Shirts gibt es alles, was das Herz begehrt. Je kühler die Jahreszeit, umso mehr Oberteile trägt man übereinander.

Laufjacken und Westen

Laufwesten gehören zu meinen Lieblingskleidungsstücken, Laufjacken hingegen ziehe ich nur selten an. Westen sind Ganzjahresartikel, erfüllen sowohl im Frühjahr über einem T-Shirt getragen als auch im Winter über einem langärmeligen Oberteil ihren Zweck. Sie schützen die Brust vor der Kühle des Windes und ermöglichen dem Oberkörper durch luftdurchlässige Rückenteile das Atmen.
Auch bei Laufjacken verspricht die Industrie, dass sie atmungsaktiv sind, doch staut sich die Nässe dort deutlich mehr als beim Tragen von langärmeligen Shirts und Westen. Das kann gerade bei längeren Läufen über mehr als eine Stunde recht unangenehm sein. Wenn es eine Laufjacke sein soll, dann sollten Sie darauf achten, dass sie sowohl wind- als auch wasserabweisend ist.

Kopf und Hände

Kopf und Hände gehören gerade im Winter zu den empfindlichsten Körperteilen. Denn das Blut sammelt sich beim Laufen vermehrt in den Muskeln, die auch die Hauptarbeit verrichten müssen. Dies kann zu unangenehmen Friererscheinungen an den Extremitäten führen.
Bei Volksläufen im Winter sieht man manche, auf den ersten Blick seltsam anmutende Gestalten, die selbst bei null Grad Celsius nur in kurzen Hosen und T-Shirts laufen, den Kopf und die Hände jedoch mit wärmenden Mützen und Handschuhen

Schützen Sie Ihre Augen mit einer speziellen Laufbrille.

schützen. Dies kann beim schnellem Laufen durchaus reichen.
Wundern Sie sich bitte auch nicht, dass Laufhandschuhe und Mützen im Vergleich zu anderen Winterartikeln eher in dünnem Stoff gehalten sind. Hier reicht meistens die Funktion, den Wind vom Körper abzuhalten.
Im Sommer sollten Schirmkappen Augen und Gesicht vor Verbrennungen schützen. Auch Sportsonnenbrillen sind bei starker Sonneneinstrahlung zu empfehlen.

Trinkflaschen fassen 0,5 ltr. Flüssigkeit.

Sinnvolles Zubehör

Die Bedürfnisse sind höchst unterschiedlich und die Industrie sehr erfindungsreich. Nachfolgend eine kleine Auswahl an Laufzubehör.

Reflektorbänder und Reflektionswesten

Sie dienen der passiven Sicherheit und machen Sie bei entgegenkommenden Automobilen sichtbar. Außerdem schützen sie beim Laufen im Winter.

Stirnlampen und kleine Taschenlampen

Sie dienen aktiv, indem Sie Ihnen den Weg leuchten.

Trinksysteme

Flaschen, Gürtel mit kleinen Fläschchen oder Trinkrucksäcke sind im Sommer unerlässlich und schützen vorm Dehydrieren.

Sportbrillen und Sportsonnenbrillen

Sie schützen die Augen vor Sonnenlicht und Wind und sind leichter zu reinigen als herkömmliche Designerbrillen.

Hundepfeifen und Spray

Sie machen ängstliche Menschen selbstsicherer und lehren zwei- und vierbeinigen Störenfrieden das Fürchten.

Startnummernbänder

Sie geben der Startnummer bei Volksläufen Halt, machen dadurch das Durchstechen der Laufshirts mit Sicherheitsnadeln unnötig.

Sonnenmilch mit hohem Lichtschutzfaktor

Sonnenschutz sollte für Sie selbstverständlich sein. Cremen Sie die Nase, Schultern und Arme besonders sorgfältig ein, geben Sie dem Hautkrebs keine Chance.

Laufen und dabei abnehmen

Warum ist Laufen eigentlich erfolgreicher als jede Diät? Gibt es dafür eine plausible Erklärung? Ja, die gibt es. Um diese zu begreifen, muss man verstehen, wie viel Energie ein Mensch braucht und verbraucht.

Die Energiebilanz muss stimmen

Die Energiebilanz ist die Summe aus Energie*zufuhr* abzüglich Energie*verbrauch*. Ein gesunder, schlanker Mensch hat eine ausgeglichene Energiebilanz. Er isst genauso viele Kalorien wie sein Körper verbrennt. Wer häufig mehr isst, nimmt zu, logisch. Warum kommt es aber vor, dass manche Menschen viel mehr essen können als andere, ohne dabei zuzunehmen? Entscheidend für die Beantwortung dieser Frage ist der Energie*bedarf* – und der ist bei jedem Menschen anders.

Energiebilanz =
Energiezufuhr minus Energieverbrauch

Energiebedarf =
Grundumsatz plus Arbeitsumsatz

Laufen verbessert die Energiebilanz. Laufen Sie sich schlank.

Der Energiebedarf setzt sich zusammen aus dem Grundumsatz und dem Arbeitsumsatz.
Mit **Grundumsatz** bezeichnet man die Menge an Energie, die ein Mensch braucht, um überhaupt am Leben zu bleiben, denn ohne Nahrung und Wasser kann kein Mensch lange überleben. Selbst im Schlaf verbraucht unser Körper Energie und erhält damit die wichtigsten Lebensfunktionen aufrecht. Unser Herzmuskel zum Beispiel braucht Tag und Nacht Energie, um sich zusammenzuziehen und zu entspannen.
Er pumpt das Blut und treibt den Kreislauf an. Dieser Grundumsatz ist der »Basisenergiebedarf des Körpers in Ruhe« und hängt von Geschlecht, Alter, Größe, Gewicht und hormoneller Situation (z. B. Schwangerschaft und Wechseljahre) ab.

Grundumsatz:
1 Kilokalorie (kcal) pro Kilo und Stunde

Wissenschaftler können den Grundumsatz präziser bestimmen. »Indirekte Kalorimetrie« heißt das verwandte Verfahren, bei dem im Liegen von einem Gerät der Kalorienverbrauch an Hand der ein- und ausgeatmeten Luft gemessen wird.
Für uns Hobbyläufer reicht eine einfache Faustformel, um den Grundumsatz annähernd zu errechnen und zu veranschaulichen: Dazu rechnen wir 1 Kilokalorie (kcal) pro Kilogramm Eigenkörpergewicht und Stunde. Für mich bedeutet dies: 70 kg mal 24 Stunden ergeben 1680 kcal Grundumsatz pro Tag. Für einen 100 kg schweren Menschen sind dies 2400 kcal Grundumsatz pro Tag.
Zusätzlich braucht der Körper Energie für die Muskelarbeit. Diese Energie nennt man **Arbeitsumsatz**. Selbst das Sitzen am Schreibtisch verbraucht Energie, die Muskulatur verrichtet immerhin Haltearbeit. Je mehr wir uns bewegen, umso höher ist der Arbeitsumsatz.

Körperlicher Kalorienumsatz:
Grundumsatz mal Pal-Wert

Auch der Arbeitsumsatz an Kalorien ist bei jedem Menschen anders. Je stärker sich der Körper anstrengen muss, desto mehr Kalorien verbraucht er. Ein Büroangestellter, der einer vorwiegend sitzenden Tätigkeit nachgeht, verbraucht weniger Energie als ein Zimmermann, der Dachbalken schleppt.
Forscher haben den zusätzlichen Energiebedarf für verschiedene körperliche Aktivitäten (z. B. Sport, Haushalt etc.) herausgefunden und daraus Faktoren errechnet. Die körperliche Aktivität wird dabei als »PAL-Wert« angegeben, was eine Abkürzung des englischen Begriffes »**P**hysical **A**ctivity **L**evel« ist. Der PAL-Wert wird mit dem Grundumsatz multipliziert, um den Gesamtenergiebedarf zu berechnen.
Um den Arbeitsumsatz für ruhiges Sitzen bei einer Schreibtischtätigkeit zu errechnen, wird der Grundumsatz mit dem Faktor 1,2 multipliziert. Verkäuferinnen, die viel stehen und gehen, können ihren Grundumsatz mit dem Faktor 1,6 multiplizieren.

Berufsbedingt ist der Kalorienverbrauch einer Verkäuferin somit höher als der einer Büroangestellten.
Menschen, die sich beruflich wenig anstrengen, aber in der Freizeit viel Sport treiben, können den erhöhten PAL-Wert auch stundenweise anrechnen. Zwischen langsamem Laufen und Sprinten gelten PAL-Werte zwischen 6 und 30.
Mein Gesamtenergiebedarf liegt bei ca. 3400 kcal, wie die nachfolgende Beispielrechung eines normalen Arbeitstages mit einem langsamen 2-Stunden-Lauf am Abend ergibt (siehe unten).

Positive oder negative Energiebilanz?

Den Energiebedarf können Sie nun berechnen. Die Frage ist, ob mehr oder weniger Energie zugeführt wird als vom Körper gefordert. Hier hilft ein Blick ins Internet, das voll von Kalorientabellen ist. Die Deutsche Gesellschaft für Ernährung (DGE) empfiehlt das »Interaktive Ernährungsinformationssystem« der Uni Hohenheim: http://www.uni-hohenheim.de/wwwin140/info/interaktives/uebersicht.htm
Das Buchführen und die Addition der aufgenommenen Kalorien hilft eine aussagefähige Beurteilung zu bekommen über das, was Sie tatsächlich durch feste und flüssige Nahrung aufnehmen. Die Mühe, diese Tabelle mal eine Woche lang zu führen, also wirklich täglich, nach jeder Mahlzeit und sieben Tage lang, lohnt. Sie werden überrascht sein, wie viele Kalorien Sie tatsächlich aufnehmen.
Ist der Energieverbrauch höher als die zugeführte Kalorienmenge, spricht man von einer **negativen Energiebilanz**. Der

TÄTIGKEIT	**FAKTOR**	**STUNDEN**	**SUMME**
Schlafen	1,0	7,0	7,0
Sitzende, stehende und gehende Büro- und Seminartätigkeit	1,8	9,0	16,2
Teilweise sitzende bis gehende Freizeittätigkeiten	1,6	6,0	9,6
Langsames Laufen	8,0	2,0	16,0
	Summe	24,0	48,5
	geteilt durch		24
	PAL-Wert		2,03

Gewicht	70
Stunden	24
Grundumsatz	1680
multipliziert mit meinem PAL-Wert	2,03
ergibt einen Gesamtenergiebedarf (GU mal PAL-Wert)	3416

Wasser ist lebenswichtig und hat keine Kalorien.

Körper greift dann auf seine Energiereserven Glykogen und Fettdepots zurück. Bei ständiger Überernährung, also einer dauerhaften **positiven Energiebilanz**, wird die überschüssige Nahrungsenergie als Fettdepot gespeichert. Übergewicht droht.

Was geschieht bei einer Diät?

Diäten setzen bei der Kalorienzufuhr an. Sie sorgen für eine geringere Energiezufuhr. Tatsächlich werden Sie bei einer nachhaltigen Diät früher oder später auch Erfolge auf der Waage messen können. Doch diese Erfolge trügen, sind von kurzer Dauer. Durch das niedrigere Gewicht sinkt auch der Grundumsatz, der – wie wir oben festgestellt haben – direkt vom Körpergewicht abhängt.

Wenn Sie nach der Diät mit geringerem Körpergewicht wieder genau so essen wie zuvor, verschlimmert sich in Wahrheit Ihre Ausgangssituation und der Zeiger Ihrer Waage ist in kurzer Zeit wieder in Regionen zu finden, von denen Sie eigentlich weg wollten. Sie kennen diesen Effekt als »Jo-Jo-Effekt«. Jetzt wissen Sie auch, wie dieser entsteht.

Muskeln verbrennen mehr Kalorien

Dauerhaft abnehmen können Sie nur durch regelmäßige Bewegung. Diese sorgt für einen erhöhten Energieverbrauch und gewünschten Muskelaufbau. Muskeln sind zwar schwerer als Fett, aber Muskeln verbrauchen auch Fett und sorgen damit für einen erhöhten Grundumsatz – selbst im Ruhezustand.

Laufen bekämpft das Fett also auf verschiedenen Wegen. Sie verbrauchen durch den Sport mehr Energie, verringern dadurch nach und nach Ihr Gewicht, senken den Körperfettanteil und erhöhen den stärker Kalorien verbrauchenden Muskelanteil.

Was hilft mehr: schnelles oder langsames Laufen?

Wenn für Laufen PAL-Werte von 6 für langsames Laufen und bis 30 für schnelles Laufen gelten, liegt die Vermutung nahe,

Ein Herbstfoto. Sie werden es erleben, es gibt Tage, da möchte man immer weiterlaufen.

dass schnelles Laufen der effektivste Weg zur Gewichtsreduktion ist. Doch denken Sie weiter. Diese PAL-Werte rechnen sich je Stunde. Die Frage muss also lauten: Wie viele Stunden am Tag können Sie wie schnell laufen?
Sie kommen der Antwort jetzt schon näher. Gegen die ungeliebten Speckrollen hilft nur regelmäßiges Laufen, also mehrfach die Woche, das ganze Jahr über, ohne sich dabei zu überfordern. Wie schnell das ist, spüren erfahrene Läufer mit gutem Körpergefühl. Dieses entwickelt sich mit der Zeit.
Mit zunehmender Lauferfahrung werden Sie spüren, wenn die Anstrengung zu hoch ist, um wirklich effektiv zu laufen. Sie werden lernen, intuitiv das richtige Tempo zu wählen.
Laufen Sie gerade am Anfang so langsam, dass Sie am Ziel nicht ausgepowert sind und das Gefühl haben, noch länger gekonnt zu haben.
Viel einfacher geht die Trainingssteuerung mit einem kleinen Hilfsgerät, einem Herzfrequenzmesser, auch Pulsuhr genannt. Womit wir beim nächsten Kapitel wären.

Training nach Herzfrequenz

Ihr geschultes Körpergefühl ist definitiv der beste Trainer. Ihr Gefühl signalisiert Ihnen Kraft oder Müdigkeit, Schmerzen oder Wohlbefinden, Hunger und Durst oder Völlegefühl. Sie spüren die körperliche Belastung durch die Leichtigkeit des Atmens, das Hitzegefühl und Ihr Schwitzverhalten. Ihr Gefühl ist definitiv schlauer als jeder Trainingsplan und jede Pulsuhr. Doch das Körpergefühl müssen Sie gerade als Laufanfänger erst entwickeln. Erfahrung, Erfolge und Fehler sind dabei die besten Ratgeber.

Körpergefühl oder Pulsuhr?

Damit Sie häufige Fehler aber vermeiden, kann ein Herzfrequenzmessgerät ein wichtiger Ratgeber sein. Der »Bremsfunktion« kommt dabei die größte Bedeutung zu. Richtig eingestellt, gibt die Pulsuhr Piepssignale und warnt Sie, wenn das Training uneffektiv ist, wenn eine Überforderung droht. Mit der Zeit brauchen Sie die Uhr immer weniger, das Körpergefühl entwickelt sich allmählich, Sie spüren was Ihnen guttut. Dann lassen Sie die Uhr ruhig auch mal in der Schublade. In den ersten Monaten Ihrer neuen Laufkarriere ist eine Pulsuhr, zusammen mit den Empfehlungen aus diesem Buch, der beste Trainingspartner, den Sie sich wünschen können. Indem Sie sich an die Trainingsvorgaben und Herzfrequenz-Trainingsbereiche halten, vermeiden Sie Überbelastung und stellen Sie sicher, dass jeder Kilometer und jede gelaufene Minute Sie auf Ihrem Weg zum Wunschgewicht ein Stück weiterbringt.

Vorsicht vor der Faustformel »220 minus Lebensalter«

Die Herzfrequenz in Ruhe, maximal oder bei Belastung ist etwas ganz individuelles.

Der Brustgurt misst die Herzfrequenz.

Die Herzfrequenz der Zwillingsschwestern

Die Zwillingsschwestern Ruth und Birgit laufen gerne zusammen.

In meinem Laufcampus-Studio erschienen zur Leistungsdiagnostik die beiden Zwillingsschwestern Birgit und Ruth aus Solingen, geboren 1967. Ruth und Birgit laufen, um abzunehmen und die Fitness zu steigern. Irgendwann auch mal einen Halbmarathon zu laufen, das können sich die Schwestern gut vorstellen.

Beide haben eine ähnliche Figur (hinsichtlich Größe und Gewicht) und beide trainieren gerne zusammen. Birgit jedoch hat ständig 20 Herzschläge pro Minute mehr als ihre Zwillingsschwester Ruth, obwohl beide auch eine ähnliche Lauferfahrung haben. Wie konnte das sein, dass die beim Laufen gemessenen Herzfrequenzwerte so unterschiedlich waren, vermitteln doch die in anderen Laufbüchern oft zitierte Formel, dass das Lebensalter den entscheidenden Ausschlag für die Trainingsbereiche von Läufern gibt?

Dieser Frage wollten Ruth und Birgit auf den Grund gehen. Nacheinander machten beide einen Laufband-Stufentest, wobei wir mit niedriger Geschwindigkeit – sechs Stundenkilometer – begannen und die Geschwindigkeit langsam, alle drei Minuten, in 1,2 Stundenkilometer-Stufen steigerten. Nach jeder Belastungsstufe notierte ich die erreichte Herzfrequenz. Bei 10,8 km/h beendeten wir den Test.

Die Auswertung der Tests ergab, dass Ruth einen Maximalpuls (Hfmax) von ca. 170 erreichte, Birgit jedoch auf über 200 Schläge pro Minute kam! Die Natur hat dies so gewollt, die hohe Herzfrequenz ist angeboren. Folglich ist es ganz natürlich, wenn beide auch beim Training unterschiedlich hohe Pulsschläge haben, obwohl Sie im gleichen Tempo laufen, obwohl sie ähnlich

Die Herzfrequenz kann auch bei Zwillingen ganz unterschiedlich sein.

Die Herzfrequenz der Zwillingsschwestern

fit sind und obwohl Sie gleich alt sind. Zur Verdeutlichung der Ergebnisse sei folgende einfache Rechnung angeführt: 70 Prozent der Hfmax ist ein guter Trainingsbereich für das ausdauernde und größtenteils Fett verbrennende Lauftraining. Für Ruth sind das 120 bpm (Schläge pro Minute), für Birgit 140 bpm. Wenn beide der oben angeführten Faustformel vertraut hätten, dann hätte für beide eine Hfmax von 182 gegolten und ein Trainingsbereich von 127 bpm mit der Folge, dass sich Birgit im Training ständig unterfordert hätte, ihre Zwillingsschwester Ruth hingegen überfordert.

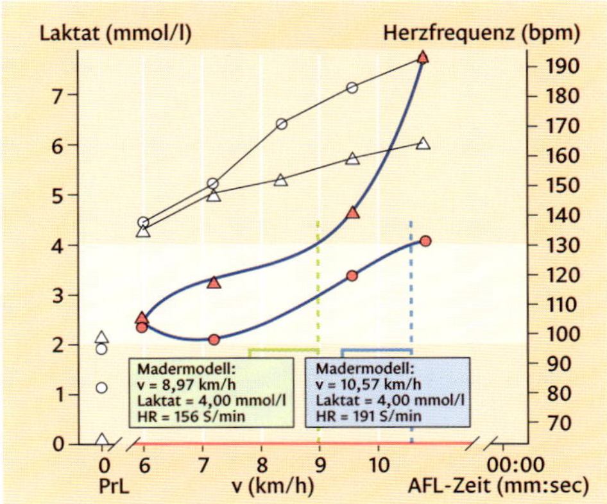

Die oberen Kurven zeigen die Herzfrequenzwerte, die unteren die Laktatwerte.

Sie ist bei jedem Menschen anders. Wer sich beim Training an seiner Herzfrequenz orientieren möchte, kommt um einen Test – zum Beispiel einen Laufband-Stufentest – nicht herum.
Die weit verbreitete Faustformel »220 minus Lebensalter« zur Bestimmung der »Maximalen Herzfrequenz« (Hfmax) stimmt bei jedem fünften Menschen, also bei vier von fünf Läuferinnen und Läufern ist diese Formel nicht anwendbar. Das bedeutet, dass die Berechnung der Herzfrequenz-Trainingsbereiche auf der Grundlage dieser rechnerischen Größe in der Regel fehlerhaft ist. Dies beweist auch eindrucksvoll das nachfolgend beschriebene Beispiel aus meiner Diagnostik-Praxis.

Laktatwerte und Fettverbrennung

Bei einem Laufband-Stufentest messe ich nicht nur Herzfrequenz und Geschwindigkeit, sondern auch das subjektive Anstrengungsempfinden und die Laktatwerte in Ruhe und nach den unterschiedlichen Belastungsstufen.
Laktattests kennen Sie nur aus den Sportsendungen im Fernsehen? Immer häufiger hören wir hier, dass Bundesliga-Trainer ihre Fußballer zum Laktattest bitten, um deren Fitness zu überprüfen.
Aber was kann man aus einem Laktatwert eigentlich lesen?

Der Fettstoffwechsel ist entscheidend für den Erfolg beim Laufen

Marathonläufer und Laufanfänger haben eines gemeinsam. Sie wollen die Fettverbrennung trainieren. Die einen wollen abnehmen, die anderen wollen nur möglichst lange möglichst schnell laufen. Beiden hilft dabei die Fettverbrennung, wie die nachfolgenden Erklärungen verdeutlichen.

Gespeicherte Energie wird zur Bewegungsenergie.

Zum Laufen brauchen wir Energie. Diese Energie wird über die Nahrung aufgenommen und durch die Verstoffwechselung als ATP (Adenosintriphosphat) in den Körperzellen eingelagert. Beim Laufen wird diese gespeicherte Energie in mechanische Energie umgewandelt: Wir bewegen uns. Je mehr ATP zur Verfügung steht, umso schneller und länger können wir laufen.

Sprinter und ungeübte Läufer ermüden schneller

Haben Sie sich schon mal gefragt, warum Sprinter nach 100 Meter Lauftraining ausgepowert sind? Warum laufen sie nicht in dem gleichen Tempo auch 1000 Meter? Na klar, ihre Energie ist nach diesen 100 Metern verbraucht und sie haben »dicke Beine«. Wie kommt das?
Beim Sprinten, wenn dem Läufer der Atem wegbleibt, ihm folglich wenig Sauerstoff zur Verfügung steht, wird im Zellsaft der Muskelzellen Blutzucker zu ATP umgewandelt. Für Sprinter ist das gut, denn Blutzucker ist zwar nur wenig vorhanden, kann dafür aber sehr schnell und ohne Sauerstoff (anaerob) in Energie umgewandelt werden. Aus einem Zuckermolekül werden aber nur **zwei Moleküle ATP** (zwei Moleküle ATP – bitte merken und weiterlesen) gebildet, zu wenig, um länger schnell zu laufen, zumal bei dieser anaeroben ATP-Gewinnung Milchsäure (Laktat) entsteht, die den Mus-

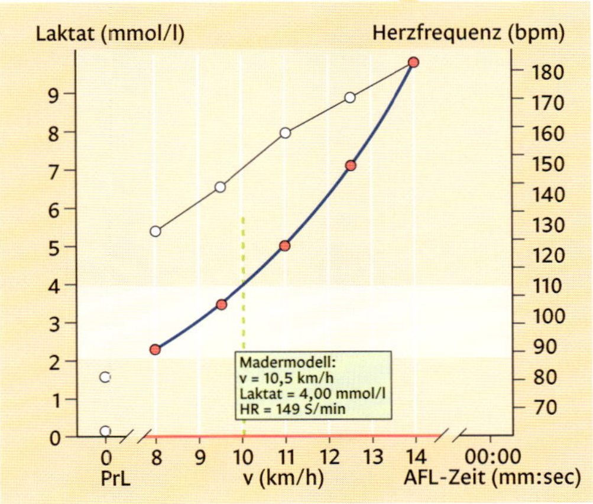

Die blaue Laktatlinie steigt fast linear an. Ein deutliches Zeichen für Übersäuerung der Muskulatur selbst bei niedrigem Tempo. Die Herzfrequenz-Kurve wird irgendwann flacher, der Test führte zu einer Ausbelastung. Olaf (39 Jahre) aus Zülpich hatte zu diesem Zeitpunkt keine Kondition, trainierte aber in den folgenden Monaten fleißig nach der Laufcampus-Methode und lief sieben Monate später zufrieden den Köln-Marathon in fünf Stunden.

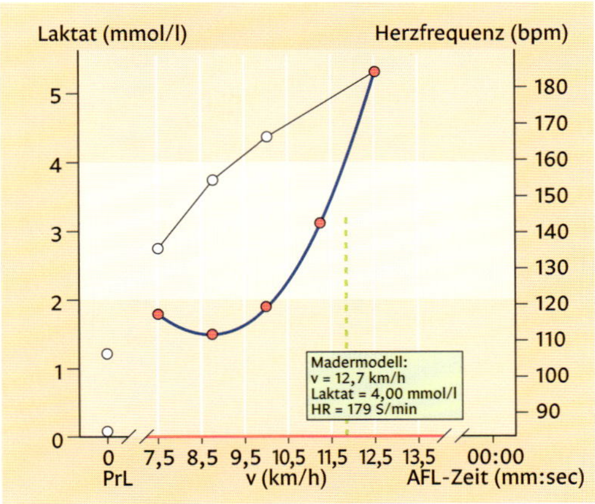

Diese Kurve von Andrea (42 Jahre) aus Bonn zeigt, dass sie über eine gute Grundkondition verfügt. Der Laktatwert bleibt bei zunehmendem Tempo zunächst niedrig und steigt erst nach der dritten Temposteigerung an. Bei 10 km/h verbrennt Andrea hauptsächlich Fett, der Laktatwert ist niedrig.

kel schnell ermüden lässt. Dieses Gefühl empfinden einige – umgangssprachlich ausgedrückt – als »dicke Beine«. Laufanfängern geht es ähnlich. Auch sie müssen oft schon nach wenigen hundert Metern Gehpausen einlegen, weil sie außer Atem sind, nicht genügend Energie zum Laufen bekommen.

Laufen ohne Schnaufen

Besser trainierte Läufer sind nicht mehr so kurzatmig, sie bekommen beim Laufen mehr Luft und können folglich mit Hilfe von Sauerstoff (aerob) Zuckermoleküle in Bewegungsenergie umwandeln. Diese Zuckermoleküle werden als Glykogen in den Muskeln und in der Leber gelagert und bei Bedarf abgerufen.

Der Zucker wird dabei »verbrannt« und dieses Verfahren ist wesentlich effektiver: Aus einem Zuckermolekül entstehen mit Hilfe des Sauerstoffes **32 ATP-Moleküle!** Der trainierte Läufer hat somit mehr Energie als der untrainierte! Diese Verbrennung findet dabei nicht im Zellsaft der Muskelzelle statt, sondern in den Mitochondrien, den »Kraftwerken« innerhalb der Muskelzelle. Es wird deutlich weniger Laktat produziert, die Ermüdungserscheinungen treten somit später auf.

Gut trainierte Dauerläufer verbrauchen Fett statt Zucker

Gut trainierte Dauerläufer laufen *langsam und lange* im Sauerstoffüberschuss. Dabei stellen die Muskelzellen ATP noch effizienter her. Sie verwenden Fett statt Zucker. Aus einem Fettmolekül bilden die Mitochondrien mit Hilfe von Sauerstoff über **100 Moleküle ATP!** Und im Laufe der Trainingswochen und -monate bilden sich zudem immer mehr Mitochondrien in den Muskelzellen, die sich immer besser auf die Fettverbrennung einstellen. Auch bei zügigem Laufen wird daher kaum noch Laktat produziert.

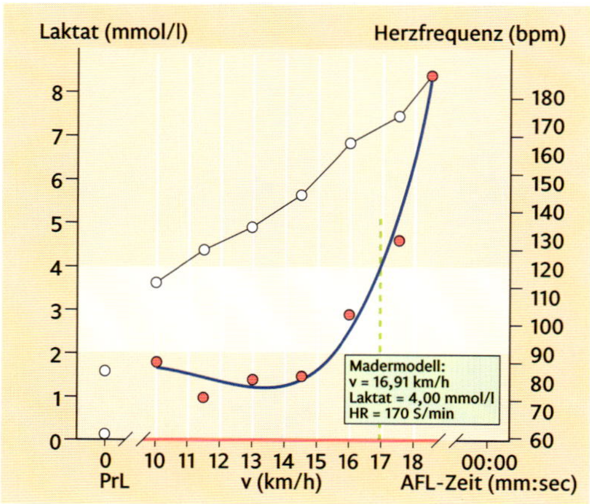

Selbst bei Geschwindigkeiten von über 14 km/h hat Joachim aus Thüringen noch genug Luft, um sich gut unterhalten zu können. Bei 16 km/h steigt auch bei ihm der Laktatwert, das Zeichen für den gestiegenen Glykogen-Stoffwechsel.

Wie die drei vorangegangenen Testergebnisse zeigen, ist der Laktatwert ein sehr aussagefähiger Indikator dafür, wie effektiv das Training bei welcher Belastung (Geschwindigkeit oder Herzfrequenz) ist.

Leistungsdiagnostik in einem Diagnostik-Studio

Erfahrene Läufer mit gutem Körpergefühl können sich ruhig auf diese Methode verlassen. Wenn Sie aber auf »Nummer Sicher« gehen wollen, dann sollten Sie sich eine Pulsuhr zulegen und Ihre Herzfrequenz-Trainingsbereiche bei einem Profi ermitteln lassen. Leistungsdiagnostik kostet bei erfahrenen Anbietern derzeit zwischen 90 und 130 Euro.
Einen guten Leistungsdiagnostik-Anbieter erkennen Sie bereits bei der Terminvereinbarung. Hier sollte man Ihnen sagen, dass Sie in den letzten 48 Stunden vor dem Stufentest keinen intensiven Sport und keine körperliche Schwerstarbeit verrichten sollen. Ferner sollte man Ihnen sagen, dass Sie zum Test nicht nüchtern kommen dürfen. Denn der Laktatwert ist nur dann wirklich aussagefähig, wenn die Kohlenhydratdepots auch gefüllt und nicht durch Leistungssport oder fehlendes Frühstück geleert sind. Allerdings sollten Sie in den zwei Stunden unmittelbar vor dem Test auch keine Energie in Form von Süßig-

Gerade für Laufanfänger: Leistungsdiagnostik

Leistungsdiagnostik ist der Überbegriff. Gemeint ist damit in der Regel ein Stufentest mit Laktat- und Herzfrequenzmessung auf einem Laufband oder Fahrradergometer, manchmal ergänzt durch Spiroergometrie (Atemgasmessung). Leistungsdiagnostik klingt, als ob dies nur für leistungsorientierte Spitzensportler interessant ist, doch das ist falsch.

Gerade unerfahrenen Läufern helfen die Aussagen einer Diagnose besonders. Am Ende eines Tests bekommen sie ein tabellarisches und grafisches Protokoll der gemessenen Daten und – jetzt das Wichtigste – ganz konkrete Empfehlungen hinsichtlich der Geschwindigkeit und Belastung beim künftigen Training. Durch die Befolgung dieser Richtwerte wird das Training mit Sicherheit effektiv und gesundheitsfördernd.

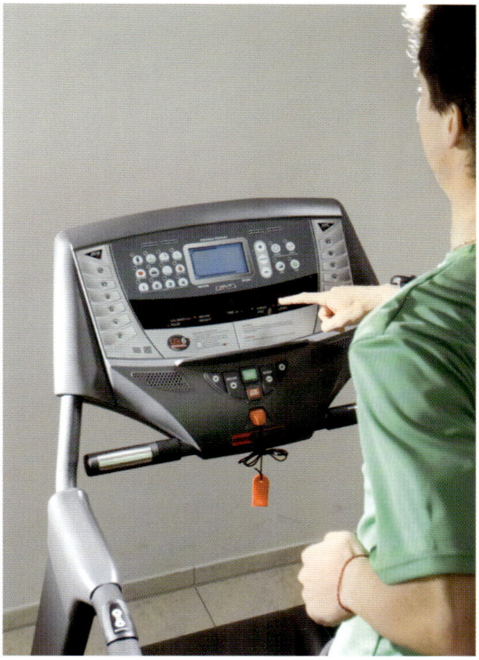

Laufbandstufentest

keiten, Cola oder Apfelsaftschorle zu sich nehmen. Auch dies verändert die Messergebnisse des Laktatwertes, ähnlich wie übermäßiger Koffeingenuss die Herzfrequenz beeinflusst. Wenn man Sie bezüglich dieser Punkte nicht sensibilisiert, dann wählen Sie lieber gleich die Rufnummer eines anderen Anbieters.

Ferner sollten Sie darauf achten, dass der Anbieter selbst erfahrener Ausdauersportler ist. Denn Laktat- und Herzfrequenzwerte messen können viele, die Daten richtig interpretieren, das setzt eine Menge eigene Erfahrung voraus. Ein laufender Trainingsberater ist auch glaubwürdiger. Schließlich lässt man sich von einem rauchenden Arzt auch nicht gerne die Zigaretten verbieten.

Eine Wiederholung des Laufbandstufentests nach einigen Monaten Training sollte auf jeden Fall unter den gleichen Bedingungen hinsichtlich Uhrzeit und Ernährung stattfinden. Nur dann ist der Wiederholungstest wirklich aussagefähig.

Vor einem Test sollte auf jeden Fall eine ausführliche Anamnese erfolgen. Dabei

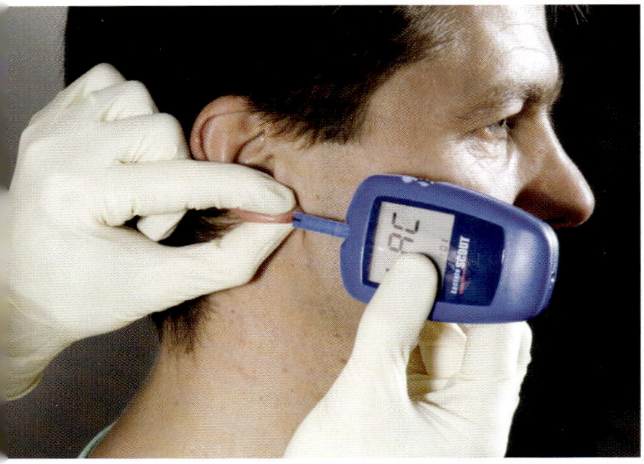

Ein kleiner Tropfen reicht aus, um den Laktatwert im Ohrkapillarblut zu messen.

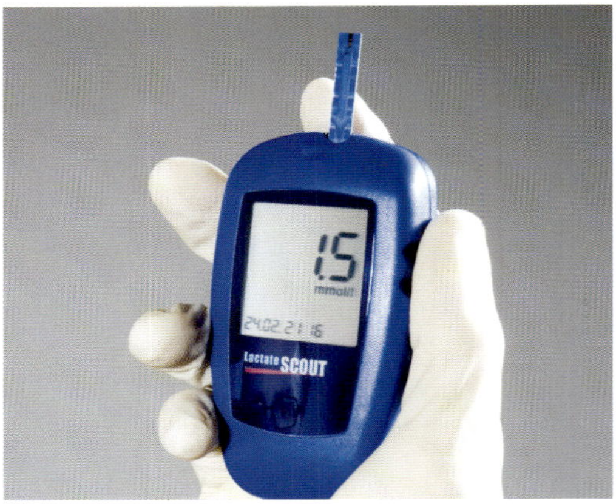

Laktatwerte zwischen 0,9 und 11,0 mmol/l machen Ausdauer und Anstrengung sichtbar.

erfragt der Laufexperte neben Ihren persönlichen Daten Ihre gesundheitlichen Voraussetzungen, Ihre aktuelle Fitness und Ihre sportlichen Erfahrungen. Gegebenenfalls ist eine sportärztliche Grunduntersuchung vor einem Laufbandstufentest ratsam, da Sie ein Stufentest zwar nur kurz, aber dennoch an Ihre momentane Leistungsgrenze heranführt. Auf jeden Fall sollten Sie zum Test gesund erscheinen, bei einem grippalen Infekt den Termin lieber verschieben.
Der Laufbandstufentest ist schnell durchgeführt und benötigt selten mehr als 20 Minuten. Einmalig ein kleiner Pikser mit einer Lanzette ins Ohrläppchen reicht, um vor dem Stufentest und nach jeder Belastungsstufe mit Hilfe eines Laktatmessgerätes den Laktatgehalt im Ohrkapillarblut zu messen. Die Belastungsstufen dauern – je nach Lauferfahrung – 3 bis 5 Minuten je Stufe und werden Ihrer Lauferfahrung entsprechend bei niedriger Geschwindigkeit gestartet und in kleinen Schritten, meist 1,2 bis 1,5 km/h gesteigert. Neben dem Laktatwert wird nach jeder Stufe die Herzfrequenz und das subjektive Anstrengungsempfinden gemessen. Nach 4 bis 6 Steigerungen ist der Test in der Regel beendet und die Auswertung der Daten kann erfolgen. Per Software werden die Ergebnisse grafisch dargestellt und manuell erstellt Ihr Trainer seine Empfehlungen.

Do-it-yourself-Leistungsdiagnostik

Wenn Ihnen der Aufwand mit einem Laufbandstufentest zu hoch ist, dann können Sie auch selbst mit Hilfe Ihres Ruhepulses, Erholungspulses und Maximalpulses Ihre sich verbessernde Fitness überprüfen.

Ermittlung des Ruhepulses

Den Ruhepuls sollten Sie immer zur gleichen Zeit morgens direkt nach dem Aufwachen messen. Noch im Bett liegend spüren Sie den Puls mit den Fingern an der linken Halsseite. Zählen Sie die Pulsschläge einer Minute. Natürlich können Sie den Ruhepuls auch mit Brustgurt und Pulsuhr messen, sofern diese griffbereit auf dem Nachttisch liegen. Bei untrainierten Menschen ist der Ruhepuls in der Regel zwischen 70 und 80 Schlägen pro Minute, bei sehr gut trainierten Ausdauersportlern hingegen bei 40 bis 50 Schlägen pro Minute. Im Laufe der Trainingswochen werden Sie an Ihrem sinkenden Ruhepuls die steigende Leistungsfähigkeit nachvollziehen können. Auch Vorsicht ist angeraten: Sollte Ihr Ruhepuls mal außergewöhnliche Ausschläge nach oben machen, dann könnte dies mit einem sich anbahnenden Infekt zu tun haben. Trainieren Sie an solchen Tagen lieber nicht oder nur in sehr ruhigem Dauerlauftempo.

Auch der Erholungspuls ist interessant

Ein Blick auf die Pulsuhr nach dem Training zeigt Ihnen Ihren aktuellen Belastungspuls. Bleiben Sie nun stehen und beobachten Sie über die Pulsanzeige, wie sich Ihr Körper vom Training langsam erholt. Notieren Sie sich die Pulswerte unmittelbar nach Beendigung des Trainings und eine Minute danach. Im Laufe der Wochen und Monate werden Sie feststellen, dass sich Ihr Puls immer schneller nach dem Training normalisiert. Auch dies ist ein Zeichen für Ihre steigende Fitness.

Der Maximalpuls als Richtwert

Im Gegensatz zum Ruhe- und Erholungspuls können Sie den Maximalpuls durch Training nicht verändern. Er ist genetisch bedingt bei jedem Menschen anders und verringert sich nur altersbedingt. Der Maxi-

Der Erholungspuls ist ein Indikator für die Regenerationsfähigkeit.

malpuls hat seine Bedeutung als Berechnungsgrundlage für Herzfrequenz-Trainingsbereiche (siehe Seite 66).
Im Selbstversuch ist er sehr schwer zu ermitteln und setzt uneingeschränkte Gesundheit und eine gute Portion Leidensfähigkeit voraus. Der Puls, den ein Läufer nach einem 1000-Meter-Lauf erreicht, bei dem er an seine Leistungsgrenzen geht und auf den letzten 150 Metern noch einen fulminanten Schlusssspurt hinlegt, dieser Puls plus 5 Schläge kann als persönlicher Maximalpuls hergenommen werden. Für einen solchen Test eignet sich am besten eine 400-Meter-Bahn. Das Laufen der zweieinhalb Runden erlaubt die Kräfte bestmöglich einzuteilen und so tatsächlich an die Leistungsgrenzen zu kommen.
Eine weitere Möglichkeit die maximale Herzfrequenz zu ermitteln bietet sich durch intensive Hügelläufe. In diesem Fall sollten Sie einen Anstieg von mindestens 200 Metern Länge dreimal so schnell wie möglich hoch und langsam wieder runter laufen. Notieren Sie nach dem dritten Versuch Ihre Herzfrequenz. Addieren Sie auch hier wieder 5 Schläge, um den persönlichen maximalen Herzfrequenzwert zu errechnen. Das individuelle Training nach Puls kann nun beginnen.

Sportärztliche Untersuchungen

Der Sportarzt Michael Frommhold aus Rheinbach rät:
Der Mensch ist geschaffen für körperliche Aktivität. Die Wohlstandsgesellschaft erleichtert ihm die Mühen des Alltags jedoch so, dass ihm Bewegung, anstrengende zumal, weitgehend abgenommen wird. So wird Sport zu einer freiwilligen Ausnutzung des genetisch angelegten Potenzials. Aber ist der Einzelne (noch) geeignet sich zu belasten, wo sind die Grenzen, wo beginnt ein gesundheitliches Risiko? Hier setzt die medizinische Vorsorgeuntersuchung des Sportarztes an: Vor der ersten oder Jahre nach der letzten Ausübung einer Sportart sollten mehrere wichtige Organsysteme kritisch untersucht werden,

Sportärztliche Untersuchungen

um Grenzen zu erkennen und Konzepte zu erstellen, diese auszudehnen oder innerhalb dieser Grenzen sichere und freudvolle Erfahrungen zu ermöglichen.
Zu unterscheiden ist zwischen der Sportvorsorgeuntersuchung und der Sportuntersuchung:
Sinnvoll ist die **Sportvorsorgeuntersuchung** für Sporttreibende im Kindes- und Jugendalter sowie für Freizeit-, Breiten- und Volkssportler bis 35 Jahre. Hier genügt die vereinfachte Form einer allgemein orientierenden Untersuchung , die alle 1 bis 2 Jahre wiederholt werden sollte. Der erfahrene Sportmediziner sollte eine internistisch-orthopädische Untersuchung eventuell inklusive EKG durchführen.
Die **Sportuntersuchung** ist ratsam für Sporttreibende über 35 Jahre mit bekannten Risikofaktoren, für Kinder und Jugendliche mit auffälligen Befunden sowie für Wiedereinsteiger. Die Untersuchung ist umfassender und sollte jährlich wiederholt werden.
Medizinhistorisch ist die Sportmedizin aus der Kardiologie entstanden, sodass die Schwerpunkte im internistischen Untersuchungsgang liegen; gut so, da gesundheitliche Folgen und schwere Zwischenfälle tatsächlich das Herz- und Kreislaufsystem betreffen. Daher ist auch das EKG, das Belastungs-EKG, die Lungenfunktionsprüfung sowie eine einfache Untersuchung des Stoffwechsels (Blutbild, Blutzucker, Blutfette sowie Urin) zentraler Inhalt der Sportuntersuchung. Ohne unseren Bewegungsapparat (Wirbelsäule, Gliedmaßen), bestehend aus knöchernen, muskulären und neurologischen Strukturen, ist jedoch das Herz-Kreislauf-System unnütz. Gründliche Muskelfunktionsdiagnostik für Kraft, Beweglichkeit und Koordination sowie Untersuchung der Gliedmaßengelenke und der Wirbelsäule sind unerlässlicher Inhalt einer umfassenden Diagnostik. Hierdurch wird vorzeitig Verschleiß erkannt bzw. gebannt.
Grundsätzlich ist die erste Anlaufstelle der Sportarzt. Bedauerlicherweise ist der Titel allein kein Qualitätssiegel. Erkundigen Sie sich über die sportliche Erfahrung des Arztes, hinterfragen Sie seine internistische Erfahrung ebenso wie orthopädische Interessen. Hören Sie auf Erfahrungen Ihres Übungsleiters, von Trainingskameraden oder kontaktieren Sie die DGSP (Deutsche Gesellschaft für Sportmedizin und Prävention, www.dgsp.de). Diese führt Listen mit Kontaktdaten von Ärzten von »Sport Pro Gesundheit«.
Michael Frommhold ist Allgemeinmediziner mit den Schwerpunkten Sportmedizin, Chirotherapie, Immunologie und Rehabilitation und hat 30 Jahre Wettkampferfahrung in verschiedenen Ball-, Mehrkampf- und Ausdauersportarten.
www.frommhold-rheinbach.de

Laufen, Rennen, Erholen – die Laufcampus-Methode

Jetzt wird es ganz konkret. Lassen Sie sich von mir an die Hand nehmen, wenn Sie sich vom Laufanfänger zum Dauerläufer entwickeln, oder vom Stadtwald-Jogger zum Halbmarathon-Finisher. Nur drei Trainingsbausteine müssen Sie kennen- und verstehen lernen. Dann steht dem Laufen, dem Abnehmen und einer kontinuierlich zunehmenden Fitness nichts mehr im Wege. Die detaillierten und dabei einfachen Trainingspläne am Ende dieses Kapitels sollen Ihre Wegbegleiter sein.

Goldene Laufcampus-Regeln

Mit den folgenden drei »Laufcampus-Regeln«, einem guten Paar Laufschuhe und am besten noch mit einer Pulsuhr am Handgelenk können Sie loslaufen und eigentlich nichts falsch machen. Dann brauchen Sie noch ein wenig Durchhaltevermögen und Geduld, und schon nach wenigen Wochen bewegt sich der Zeiger der Waage in die gewünschte Richtung.

Goldene Laufcampus-Regeln

1. Laufen ohne Schnaufen
Das sollte für alle gelten, die nach Körpergefühl trainieren möchten. 70 bis 80 Prozent der maximalen Herzfrequenz sind Richtwerte für diejenigen, die mit Pulsuhr laufen wollen.

2. 3- bis 4-mal ist optimal
Mindestens 3- bis 4-mal pro Woche sollten Sie ausdauernd unterwegs sein. Verändern Sie dabei Laufstrecken und Tempo möglichst regelmäßig.

3. Trainingsdauer mindestens 40 Minuten
Laufen Sie mindestens 40 Minuten, wenn Sie länger laufen können, umso besser!

Für alle jedoch, die erfahren möchten, wie sie das Training optimieren und durch Abwechslung mit mehr Freude gestalten können, für die sind die nächsten Seiten von Bedeutung.
Sie werden drei Trainingsbausteine kennenlernen, die für Ihren Fitnessaufbau entscheidend sind.

Training ist Laufen mit System

Wenn Laufen Training wird, dann wollen Sie Ihre Form verbessern. Optimal ist Training, wenn sich jeder Trainingslauf positiv auf Ihr Leistungsvermögen auswirkt und wenn Sie immer wissen, weshalb Sie gerade wie schnell trainieren. Um meine nachfolgenden Trainingsempfehlungen zu verstehen, sollten Sie darüber nachdenken, welches Laufen »natürliches« Laufen ist.

Laufen Sie natürlich

Die Menschheit kann auf eine Entwicklungsgeschichte von ca. 6 Millionen Jahre zurückblicken. Seit unsere Vorfahren vor ca. 2 Millionen Jahren die Bäume verließen, den aufrechten Gang erlernten und die Hände frei bekamen, um damit Werkzeuge zu entwickeln, laufen die Menschen. Seit dieser Zeit sammelten und jagten unsere Vorfahren sehr ausdauernd, um Nahrung zu bekommen. Bei der Jagd waren die Menschen hinsichtlich der Schnelligkeit den meisten Tieren unterlegen. Es blieb ihnen also nichts anderes übrig, als ihre Beute allmählich zu Tode zu hetzen. Dazu waren die Jäger oft tagelang unterwegs. Erst im entscheidenden Moment, wenn die Tiere ermüdeten, dann sprinteten die Jäger los und erlegten ihre Beute. Die Last schleppend, liefen sie wieder zurück zu den Familien. Doch wenn der Säbelzahntiger kam und den Spieß umdrehte, dann rannten sie wieder schnell um ihr Leben.

Was soll Ihnen diese Erzählung sagen? Meist ausdauernd und langsam und ab und zu kurz und schnell, das liegt folglich in unserer Natur. Trainieren Sie so, dann kommen Sie garantiert in Form. Keine Sorge, ich möchte Sie künftig nicht zur Jagd in den Wald schicken, doch ich fordere Sie auf, dieses natürliche Laufen systematisch in Ihren Laufalltag zu integrieren. »Laufen mit System« heißt zunächst, das Lauftraining gedanklich in drei Schwerpunkte einzuteilen. Die Laufcampus-Methode nennt diese Trainingsbausteine »Dauerlaufen«, »Tempotraining« und »Regeneration« oder einfacher ausgedrückt: Laufen, Rennen und Erholen.

Wer beim Laufen entspannt lächeln kann, läuft garantiert nicht zu schnell.

Dauerlaufen heißt ausdauernd laufen

Wie beim Urmenschen sollte das Dauerlaufen den größten Teil Ihres Lauftrainings einnehmen. 80 bis 90 Prozent Ihrer Wochenzeit oder Wochenkilometer sollten Sie ausdauernd laufen. Das klingt langweilig, muss es aber nicht sein. Dauerlaufen bietet viel Abwechslung. So unterscheide ich den zügigen, den mittleren und den langsamen Dauerlauf und den Super-Sauerstofflauf. Dazu später mehr.

Durch Tempotraining werden Sie schneller

Um beim oben angeführten Beispiel zu bleiben: Auch schnell zu laufen - sei es auf der Jagd oder auf der Flucht -, ist natürlich. Das Lauftier Mensch ist gewohnt zu rennen, jedoch nicht zu oft. Wenn Läufer im Training rennen, dann sprechen wir von Tempotraining, und auch dieses bietet eine Vielzahl von Alternativen und bringt damit Abwechslung ins Training. Selbst wenn Sie keine Teilnahme an einem Wettkampf im Sinn haben und Sie einfach nur abnehmen wollen: Tempotraining macht Spaß und sorgt somit dafür, dass Sie mit dem Laufen nicht wieder aufhören.

Nur Mut, auch Pausen unterstützen den Formaufbau.

Regeneration ist Kraft tanken

Wenn unsere Vorfahren vom Sammeln und Jagen zurück in ihre Behausungen kamen, dann haben sie sich erst mal von den anstrengenden Ausflügen erholt. In diesen Erholungsphasen, geprägt von zum Teil tagelanger Ruhe und reichlich Essen und Trinken, holten sie sich die Kraft für die nächsten abenteuerlichen Aufgaben. Die Erholung gehörte zum natürlichen Überlebenskampf dazu.

Für Läufer ist die Regeneration der wichtigste Trainingsbaustein. Im Training strengen Sie sich an, verbrauchen Energie und strapazieren Ihre Muskeln. Klar dass Sie die Energie auch wieder auftanken müssen und den Muskeln die Chance geben, sich von der Arbeit zu erholen. Wie abwechslungsreich Regeneration gestaltet werden kann, darüber werde ich später ausführlicher berichten.

Auf den kommenden Seiten stelle ich Ihnen die drei Trainingsbausteine der Laufcampus-Methode ausführlicher vor.

Der Dauerlauf – ein Lauf mit Vielfalt

Der Dauerlauf ist die wichtigste Laufeinheit schlechthin. Er wirkt regenerativ, wenn er kurz und langsam ist, und er macht schnell, wenn er lang und langsam ist. Sie können sogar Marathonläufe ohne vorhergehendes Tempotraining schaffen, nicht jedoch ohne eine ausreichende Anzahl langsamer und langer Läufe.
Der lange Dauerlauf trainiert nicht nur Muskeln und Kreislauf, er stärkt die Psyche und verbessert den Energiestoffwechsel. Nichts lässt Sie effektiver abnehmen als viele lange, langsame Dauerläufe. Anfänger machen gerne den Fehler und laufen zu schnell und immer das gleiche Tempo. Doch ruhiges Tempo und Abwechslung sind die Schlüsselfaktoren für Erfolg im Lauftraining. Daher stelle ich nachfolgend vier Dauerlaufvarianten vor.

Dauerlaufen sollte abwechslungsreich sein

Wechseln Sie zwischen den vier Tempobereichen

- Langsamer Dauerlauf (LDL)
- Mittlerer Dauerlauf (MDL)
- Zügiger Dauerlauf (ZDL)
- Super-Sauerstofflauf (SSL)

Der langsame Dauerlauf (LDL)

Das langsame Dauerlauftempo (LDL) ist für Laufanfänger wie ambitionierte Wettkampfläufer das wichtigste Tempo und sollte im Mittelpunkt des wöchentlichen Trainings stehen. Wie Sie das richtige Tempo finden, erfahren Sie bei den Trainingsplännen ab S. 66.

Lange und langsame Dauerläufe verbessern die Fettverbrennung

Die eigentliche Kunst beim Laufen ist, möglichst ökonomisch mit seinen Energiereserven umzugehen, denn Muskeln brauchen Energie. Die ergiebigsten Energiequellen im Körper sind Kohlenhydrate und Fette. Zunächst verbraucht der Körper bei ausdauersportlicher Belastung die Kohlenhydrate. Diese sind in Muskeln und in der Leber als Glykogen deponiert und sehr schnell verfügbar.
Bereits nach 45 bis 90 Minuten, je nachdem wie schnell Sie laufen, sind diese Tanks leer. Doch zum Glück haben wir noch die reichlich gefüllten Fettdepots. Diese halten wesentlich länger. Auch der schlankste Mensch hat genug Fettreserven, um mit

Lange Läufe sind in der Gruppe sehr kurzweilig.

diesem Energieträger sogar das Vielfache von Marathondistanzen zu bestreiten. Ultraläufer, die Non-Stop-Rennen über mehrere 100 Kilometer absolvieren, bestätigen dies eindrucksvoll.

Wenn die Muskeln genug Sauerstoff bekommen, so wie dies beim LDL der Fall ist, verbrennen sie mehr Fett. Dies ist das Geheimnis, warum gerade langes langsames Laufen schlank macht. Und je mehr Sauerstoff der Körper verarbeiten kann, umso mehr sauerstoffverarbeitende Kraftzellen (Mitochondrien) bauen sich im Muskel auf, um bei künftigen Dauerläufen noch mehr Sauerstoff verarbeiten und damit noch einfacher Fett verbrennen zu können. Nutzen Sie diesen Anpassungsprozess des Körpers, laufen Sie und werden Sie zum Fettverbrenner. Gerade Anfängern fällt das langsame Laufen am schwersten. Eine Pulsuhr mit Alarmfunktion bei Überschreitung vorher festgelegter Oberwerte kann hier sehr hilfreich sein.

MEIN TIPP ZUM THEMA ERNÄHRUNG BEIM TRAINING

Wer einmal verstanden hat, dass das Training der Fettverbrennung das eigentliche Ziel langer Läufe ist, der versteht auch, warum es unsinnig ist Energieriegel oder isotonische Getränke bei Trainingsläufen mitzunehmen. So nehme ich bei Läufen bis zu 4 Stunden nur Wasser mit. Bei Wettkämpfen ist das natürlich anders.

Lange Dauerläufe trainieren Beine, Rumpf und Kopf

Natürlich können Laufanfänger und Wiedereinsteiger, wissend um die positiven Effekte des langen Dauerlaufes, nicht sofort 1 bis 2 Stunden laufen. Fangen Sie zunächst mit 40 Minuten Laufen an, auch wenn Sie zwischendurch Gehpausen machen müssen, um 40 Minuten in Bewegung bleiben zu können. Doch bald werden Sie es spüren, Ihr Körper gewöhnt sich an die neuen Belastungen, er passt sich an. Dieses Talent müssen Sie sich zu eigen machen.

Lange Läufe trainieren die Muskeln. Und das nicht nur in den Beinen. Auch die Rumpfmuskulatur gewöhnt sich an die Belastung. Der Rumpf stabilisiert den Schritt. Schlecht trainierte Läufer erkennt man nach einiger Zeit schon von Weitem. Sie haben einen runden Rücken und einen schleppenden Schritt. Sie haben zu wenig lange Läufe gemacht. Gut trainierte Läufer hingegen laufen aufrecht und springen von einem Fuß auf den anderen. Nicht hoch, aber weit und regelmäßig.

Durch zusätzliche Kräftigungsübungen für Bauch und Rücken kann man die Rumpfmuskulatur gezielt stärken, dazu später mehr. Doch zunächst gilt: Laufen lernt man am besten durch Laufen.

Aber nicht nur der Körper gewöhnt sich ans Laufen, auch der Kopf. Wer bereits ein paar mal 60 bis 90 Minuten gelaufen ist, hat selbst vor einem Halbmarathon bald keine Angst mehr.

Laufen heißt Springen

Der Laufschritt ist im Gegensatz zum Gehen ein Sprung, bei dem kurzzeitig keiner der Füße den Boden berührt. Deshalb sagen die Schweizer auch richtigerweise »Springen« zum in Deutschland und Österreich gebräuchlichen Begriff »Laufen«. Läufer springen also, und daran muss sich der Körper gewöhnen. Lauf-ABC-Übungen sind eigentlich Sprungübungen und verbessern den Laufstil und die Laufökonomie.

Der mittlere Dauerlauf (MDL) – einfach wohl fühlen

Wenn Läufer von ihrem Wohlfühltempo sprechen, dann sind sie in der Regel schneller unterwegs als beim langsamen Dauerlauf. Problemlos können sie sich noch in kurzen Sätzen mit ihren Mitläufern unterhalten und haben trotzdem nicht das Gefühl langsam unterwegs zu sein. Das Wohlgefühl kommt, weil im mittleren Dauerlauftempo der Energieumsatz, das Verhältnis zwischen Fettverbrennung und Glykogenverbrauch, am effektivsten ist. Marathonläufer können im Training problemlos 2 bis 2 ½ Stunden im mittleren Dauerlauftempo laufen. Doch auch bei kurzen Läufen kann ein jeder das Gefühl

haben, etwas für seine Fitness getan zu haben.
Viele Laufanfänger laufen ausschließlich im mittleren Tempobereich, und das ist auch nicht schlimm, denn mit dem MDL werden sie sich nicht überfordern. Doch wer effektiver trainieren möchte und sich kontinuierlich verbessern will, wer schneller und/oder weiter laufen können möchte, der muss sein Tempo variieren, mal langsamer und mal zügiger laufen.

Abwechslung bringt Spaß in den Trainingsalltag.

Der zügige Dauerlauf (ZDL)

Während Sie beim lockeren und langsamen Dauerlauf in der Gruppe noch problemlos Reden schwingen können, sollten Sie sich beim zügigen Dauerlauf (ZDL) auf das Zuhören konzentrieren. Zügig Laufen können Sie nur 1- bis 2-mal pro Woche, je nachdem, was Ihr Trainingsprogramm sonst noch vorsieht. Gerade wenn Sie mal nur wenig Zeit zu trainieren haben, ist ein zügiger Dauerlauf sehr effektiv für Ihre Energiebilanz. In kurzer Zeit verbrauchen Sie viele Kalorien.

Zu viel Zug ist schlecht

Zügiges Laufen ist Training an der aerob-anaeroben Schwelle. Es zählt noch zu den 80 bis 90 Prozent, die man im Dauerlauftempo laufen sollte. Doch eingepackt in eine mehr oder weniger volle Laufwoche kann zu häufiges zügiges Dauerlaufen auch zu Überbelastungen führen. Vor allem Männer erliegen schnell dem Temporausch des zügigen Dauerlaufs. Immer die gleiche Strecke, immer der Blick auf die Uhr, gerade Männer sind scharf auf neue Bestzeiten auf ihrer Hausrunde. Man erkennt diese Läufer am hochroten Kopf. Sie erliegen dem Irrglauben, man müsse sich im Training ständig fordern, um besser zu werden. Das Gegenteil ist der Fall. In der Ruhe liegt die Kraft. Nur wenn anstrengendem Training ruhiges Training folgt, dann kann sich der Körper erholen und anpas-

Worauf Sie am Anfang Ihrer Laufkarriere nicht achten müssen:

Laufen ist so einfach, doch man kann es auch unnötig verkomplizieren. Mit manchen Themen brauchen Sie sich definitiv nicht zu beschäftigen. Zum Beispiel die Atmung. Gibt es einen richtigen Atemrhythmus?, werde ich oft gefragt. Nein, gibt es nicht, Ihr Körper holt sich den Sauerstoff, so wie er ihn braucht. Einfach nicht darüber nachdenken.
Welcher Laufstil ist besser, mit dem Vorfuß aufzusetzen oder mit der Ferse? Der Mittelfußlaufstil ist der natürliche und gesündeste Laufstil, doch seinen Laufstil zu ändern kostet viel Willen und dauert sehr lange. Mit diesem Thema und den dazugehörigen Lauftechnikübungen sollten Sie sich erst beschäftigen, wenn Sie Ihr Wunschgewicht erreicht haben und ambitionierte Ziele anstreben.
Welche Gels und Energieriegel soll man zum Training mitführen? Keine! Zum einen wollen Sie den Fettstoffwechsel trainieren und dabei ist jede zugeführte Energie hinderlich. Zum anderen dauern Ihre Trainingsläufe nur 40 bis 120 Minuten, zu kurz um dabei zu verhungern.

sen. Womit wir zur nächsten Dauerlaufvariante kommen.

Der Super-Sauerstofflauf (SSL)

Der SSL zählt zu den unbeliebtesten Trainingseinheiten, die ich meinen Kunden in ihre Trainingspläne schreibe. »Da kann ich ja gleich gehen«, höre ich manchmal und antworte darauf »Gerne, mach das ruhig!«. Der SSL ist so langsam, dass man den Pulsbereich entweder durch sehr langsames Laufen oder durch schnelles Walken erreichen kann. Den SSL sollten Sie gezielt als erholsames Training einsetzen, nach einem harten Trainingstag oder am Vortag eines Wettkampfes. Der SSL ist gleichzusetzen mit einer aktiven Pause. Doch im Gegensatz zum faulen Nichtstun werden beim SSL die Muskeln durchblutet, Ihr Körper tankt sehr viel Sauerstoff und natürlich werden auch Kalorien verbrannt.
Genießen Sie das Gefühl nach dem Training nicht total erschöpft zu sein. Ziehen Sie Stärke aus der Gewissheit, viel schneller gekonnt zu haben. Wenn Ihnen das langsame Laufen dennoch partout nicht gelingen will, dann hilft es einen langsameren Laufanfänger zu begleiten. Probieren Sie es aus! Alternativ zum SSL können Sie ruhig auch mal eine langsame Radtour einlegen.

Tempotraining – wenn, dann richtig

Der eine hasst es, der andere liebt es. Wer schneller werden will, kommt nicht darum herum: Training im Reiztempo.
Sie laufen, um abzunehmen und nicht um Wettkämpfe zu bestreiten? In Ordnung. Doch, warum glauben Sie, starten über 1 Million Menschen jedes Jahr bei Volksläufen? Nur eine Handvoll macht dies in der Hoffnung auf Preisgelder oder trainiert, um mal als Athlet zu Olympischen Spielen fahren zu dürfen. Warum machen es dann die anderen? Klar, weil Volksläufe richtig viel Spaß machen können und weil man als Läufer ein Ziel vor Augen hat, auf das es sich hintrainieren lässt. Und alles was Spaß macht ist gut, denn es trägt dazu bei, dass Sie nicht die Lust am Laufen verlieren.
Doch Tempotraining ist weit mehr als nur Vorbereitung auf einen Wettkampf. Es sorgt für viele verbrauchte Kalorien, und der Anpassungsreflex des Körpers führt zu einer erhöhten Laufgeschwindigkeit. Und beides ist gut auf Ihrem

Starker Nachbrenneffekt nach intensivem Training

Je intensiver die Belastung ist, umso mehr Kalorien werden verbrannt. Tempotraining und Volksläufe mit Wettkampfcharakter sind Laufeinheiten, die für den Fettabbau sehr effektiv sind. Beim Laufen und auch danach ist der Energieumsatz deutlich erhöht. Nutzen Sie den erhöhten Nachbrenneffekt in der unmittelbaren Erholungsphase nach dem Training.

Weg zum Wunschgewicht, ein hoher Umsatz an Energie und eine verbesserte Leistungsfähigkeit.

Intervalltraining bedeutet Reizen und Erholen

Gutes Tempotraining bedeutet Reizen und Erholen. Wenn Sie für eine kurze Zeit sehr schnell laufen, dann belasten Sie Muskulatur, Herz und Kreislauf mehr, als diese durch das Dauerlauftraining gewohnt sind. Gönnen Sie Ihrem Körper dann eine Pause. Durch die mehrfache und unmittelbare Wiederholung dieser Reiz- und Erholungsphasen – Intervalltraining genannt –, kommt es zu den gewünschten Leistungsverbesserungen.

Auf der 400-Meter-Bahn macht Tempotraining besonders viel Freude.

Tempotraining nach Puls oder Zeit?

Beim Tempotraining orientiert man sich in der Regel an dem Tempo, das man über eine längere Distanz laufen möchte. Wer zum Beispiel über 10 Kilometer schneller werden möchte, der läuft in seinen Intervallen das angestrebte 10-Kilometer-Renntempo (10RT) bzw. das schnellere 5-Kilometer-Renntempo (5RT). 4-mal 1 Kilometer im 5RT ist beispielsweise ein sehr effektives Training. Wer lieber nach Puls trainiert, der kann stattdessen auch 4-mal 5 Minuten im Reiztempobereich (RZT) trainieren. Das ist nicht so exakt, aber allemal ausreichend, gerade wenn Sie laufen, um fit zu werden oder zu bleiben. Wie schnell Ihr Renn- oder Reiztempo ist, erfahren Sie im folgenden Kapitel.

In der Erholung kommt die Kraft

Zwischen den schnellen Laufeinheiten finden Pausen statt. Diese Pausen kann man aktiv oder passiv gestalten. Sinn und

Zweck der Pause ist die Erholung des Körpers. Der Puls sinkt und das Laktat wird langsam abgebaut. Aktiv oder passiv? Das sollte jeder selber mal ausprobieren. Ich bevorzuge Gehpausen, weiß aber von anderen Sportlern, dass diese lieber langsam weiter trippeln - und wenn es auf der Stelle ist. Hier gilt ausprobieren, was für einen selber das Beste ist. Durch die nächsten Intervalle nach der Erholungsphase wird der Körper aus der Ruhe heraus wieder gefordert, er reagiert darauf mit Anpassung. Der gewünschte Trainingseffekt stellt sich ein.

Nur 10 bis 20 Prozent der Wochenkilometer im Renntempo

Wichtig ist, dass Sie maximal 10 bis 20 Prozent der wöchentlichen Gesamtkilometer oder Gesamtzeit als Tempotrai-

So vermessen Sie Ihre Laufstrecken präzise mit dem Fahrrad

Die günstigste und dabei sehr präzise Methode der Streckenvermessung ist die Vermessung einer Laufstrecke mit dem Fahrrad. Fahren Sie dabei möglichst gerade und auf der Ideallinie den kürzest möglichen Weg. Um große Ungenauigkeiten bei der Vermessung zu vermeiden, empfiehlt es sich den Fahrradtachometer auf einer 400-Meter-Bahn zu eichen. Verwenden Sie dazu einen Tachometer mit einer Angabe in 10-Meter-Einheiten. Ältere Tachometer, die nur volle 100 Meter anzeigen, sind ungeeignet. Was Sie jetzt noch brauchen ist ein Taschenrechner und die Erinnerung an den mathematischen Dreisatz. Die Einstellung der Tachometer findet meistens in Millimetern statt, auf Basis des Radumfanges. Wer auf Nummer sicher gehen will, überprüft diese Angabe auf der Bahn. Fahren Sie mit dem Fahrrad eine Runde, möglichst gleichmäßig ca. 30 Zentimeter vom inneren Bahnrand entfernt. Wenn Sie nach einer Runde mehr oder weniger als 400 Meter haben, dann ändern Sie die Angabe in Ihrem Fahrradtachometer. Beispiel: Voreinstellung 2012 Millimeter, Messergebnis 405 Meter. Wenden Sie den Dreisatz an: 400 x 2012 : 405 = 1987. Ändern Sie die Einstellungen und überprüfen Sie das Messergebnis bei der nächsten Fahrradrunde erneut. Achten Sie darauf, dass sich der Kontaktmagnet beim Start kurz hinter dem Gegenpol an der Fahrradfelge befindet. So beginnt Ihr Computer die Addition tatsächlich auch erst nach der ersten vollen Radumrundung. Noch ein Tipp: Wenn Sie diese Aktion beim Platzwart vorher ankündigen, wird der sicher nichts dagegen haben.

ning gestalten. Das heißt in absoluten Zahlen ausgedrückt: Ein Läufer, der im Durchschnitt auf wöchentlich 30 Kilometer kommt, sollte maximal 3 bis 6 Kilometer Tempotraining machen, folglich den Rest der Kilometer im Dauerlauftempo gestalten.

Fahrtspiel: das Spiel mit der Laufgeschwindigkeit

Wenn Sie auf Stoppuhren, Rundenzählen und Pulskontrolle keine Lust habe, dennoch etwas für Ihre Grundschnelligkeit tun möchten, dann machen Sie doch ein Fahrtspiel. Dabei ist alles erlaubt: kurze Sprints, lang gezogene Steigerungsläufe, Trabpausen, Wettläufe mit einem Hund oder Radfahrer. Laufen Sie mal 100 Meter richtig schnell und nach einer Trabpause vielleicht mal 4 Minuten zügig am Stück. Das Fahrtspiel ist die abwechslungsreiche Form des Tempotrainings und macht am meisten Spaß. Spielen Sie zwanglos mit dem Tempo, mit der Fahrt.
Ich mache Fahrtspiele am liebsten auf hügeligem Gelände. Immer wenn es rauf geht, laufe ich schneller, wenn es runter geht, werde ich langsamer. Gerade Fahrtspiele auf welligem Terrain sind sehr effektiv. Wer schneller hoch läuft drückt sich stärker ab, hebt die Knie mehr und setzt die Arme verstärkt ein. So werden nicht nur das Herz-Kreislauf-System und die

Egal ob auf Asche- oder Tartan-Bahn – Bahntraining ist sehr effektiv.

Schnelligkeit trainiert, sondern auch die Laufökonomie verbessert sich.

Auch Wettkämpfe sind Tempotraining

Volksläufe sind für das Lauftraining das Salz in der Suppe. Scheuen Sie sich nicht einfach mal mitzumachen, bei Volksläufen kommen immer schnelle und langsame Läufer zusammen. Aber was alleine zählt ist die Teilnahme, am Ende sind alle

Die Teilnahme an Volksläufen ist ein motivierendes Trainingsziel.

Sieger. Bei regionalen Volksläufen über 10 Kilometer kommen die Sieger bereits nach 33 bis 35 Minuten ins Ziel, das Gros des Teilnehmerfeldes braucht zwischen 50 und 60 Minuten. Die langsamsten benötigen nicht selten 70 Minuten oder mehr, doch wird deren Leistung genauso bejubelt wie die der schnellen Läufer. Scheuen Sie sich also nicht, sich an einem Volkslauf anzumelden. Sie haben ein Ziel.

Einlaufen und Auslaufen

Kein Formel-1-Fahrer geht mit kaltem Motor an den Start. Die Einführungsrunden mit ihren Rennboliden sorgen für leistungsfähige Reifen und einen elastischen Motor. Auch Läufer sollten sich vor Rennen oder Renntempotraining unbedingt warmlaufen. 10 bis 15 Minuten Einlaufen sorgt für eine verbesserte Durchblutung des Körpers, Ihre Muskeln werden wärmer und dadurch geschmeidiger. Die Verletzungsgefahr sinkt erheblich. Egal ob Sie nun ein Fahrtspiel machen, Intervalltraining oder an einem Volkslauf teilnehmen, nehmen Sie sich Zeit, um sich vorher ausreichend aufzuwärmen.

Auch Auslaufen gehört zu einem vernünftigen Tempotraining dazu. Durch das langsame Traben im Sauerstoffüberschuss werden die Beine wieder entschlackt, das Laktat wird abgebaut. Auslaufen ist der Beginn der Regeneration, womit wir beim nächsten Trainingsbaustein, der Regeneration, angekommen wären.

Geschafft! Der Scanner erfasst die Startnummer nach Zieleinlauf.

Regeneration – der wichtigste Trainingsbaustein

Neben Dauerlauf und Tempotraining ist Regeneration der dritte wichtige Trainingsbaustein. Nein, ich möchte es deutlicher sagen: Er ist der wichtigste. Denn nur durch ausreichende Erholung findet eine Verbesserung der Leistungsfähigkeit statt.

Regeneration funktioniert verschiedenartig

In den Erholungsphasen nach dem Training braucht Ihr Körper zweierlei: Ruhe und Nahrung. Wie lang die Erholung dauert, hängt natürlich von der Intensität der Belastung ab:

- In nur wenigen Minuten erholt sich die Herzfrequenz, Sie können dies über Ihre Pulsuhr eindrucksvoll verfolgen.
- Der Laktatspiegel braucht etwas länger, wenige Minuten bis Stunden, durch langsames Auslaufen können Sie diesen Erholungsprozess deutlich verkürzen.
- Mehrere Stunden, bis zu einem Tag, brauchen Flüssigkeitshaushalt und Glykogenspeicher, bis diese wieder gefüllt sind. Wichtig daher, dass Sie unmittelbar nach dem Training ausreichend trinken.
- Die Erholung der Muskulatur kann 24 Stunden, mehrere Tage oder sogar Wochen dauern, abhängig davon, was Ihr Körper vorher geleistet hat. So belastet ungewohntes Bergablaufen Ihre Beine deutlich mehr als Training auf ebenem Gelände.

Aktive und passive Pausen

Auch Gehpausen oder zwischenzeitliches Trinken sind Maßnahmen zur Regeneration.

Machen Sie öfter mal eine Pause!

Mangelnde Regeneration kann zu Übertraining und Überbelastungsschäden führen. Allmählich verlieren Sie so den Spaß am Laufen. Fehlende Regeneration ist auch die häufigste Ursache für Sportverletzungen. Mir ist es wichtig, dies so klar herauszustellen, da in puncto Regeneration am häufigsten Trainingsfehler gemacht werden. Bei vielen Läufern zählt die Summe der Kilometer immer noch mehr als die Qualität des Trainings. Doch ein Qualitätsmerkmal ist nun mal die Regeneration.

Anfänger sollten täglich laufen!

Einmal ist keinmal, zweimal ist Formerhaltung, dreimal Laufen pro Woche dient dem Leistungsaufbau. Drei- bis viermal ist optimal. Mehr muss wirklich nicht sein. So habe ich in den FAQ's auf S. 13 geschrieben und so lautet die weitverbreitete Meinung vieler Experten.

Mit einer gewissen Lauferfahrung und Selbstdisziplin stimmen diese Regeln. Doch Anfängern empfehle ich oft: **Laufen Sie täglich!** Täglich? Als Anfänger? Warum denn das, wenn selbst ambitionierte Wettkampfläufer nur vier- bis fünfmal pro Woche die Laufschuhe schnüren?

Nun, das Schwierigste am Laufen ist die neue Lust in den zweiten Monat zu retten. Und dabei kann tägliches Laufen hilfreich sein. Viele, die schon mal begonnen haben zu laufen, können ein ähnliches Lied singen. Es gab eine Initialzündung: der heilige Schwur an Silvester, die Freundin lud zum Lauftreff ein, oder die Waage signalisierte »Jetzt reicht's!«. Sie sprangen in die alten Sportschuhe und begannen ein neues, sportliches Leben. Sie liefen 20 Minuten, der Schweiß rann Ihnen die Wangen herunter und mit hochrotem Kopf – aber glücklich – kamen Sie zu Hause wieder an. Der schwierige Anfang war gemacht. Der nächste Tag führte Sie in ein Sportgeschäft, neue Schuhe mussten jetzt her, eine Pulsuhr vielleicht noch. Ab jetzt hatten Sie kein Alibi mehr. Sie liefen am nächsten Tag gleich wieder,

Täglich empfehlenswert: Essen, Trinken, Schlafen und Laufen

dann in der nächsten Woche auch noch drei Mal. Dabei wollten Sie nun bleiben. Einen Tag laufen, dann zwei Tage Pause!

Oder auch mal drei Tage Pause? Schließlich war der letzte Lauf auch etwas schneller als sonst und Regeneration ist schließlich ein Trainingsbaustein. Es kam wie es kommen musste. Eine Geschäftsreise verlängert die Laufpause, ein Kurzurlaub mit Sightseeing kam dazwischen – da ist man ja wirklich genug auf den Beinen – und aus drei Tagen Laufpause wurde eine ganze Woche und der Weg zum nächsten Training immer schwerer.

Anfänger sollten täglich laufen!

Eigentlich hatten sie gar keine so richtig große Lust mehr und wenn sie von der Arbeit nach Hause kamen war es schon dunkel ... So ähnlich ergeht es vier von fünf Läufern. Diese Zahl wurde erst 2005 von einem Marktforschungsinstitut untermauert, das ermittelte, dass gut 16 Millionen Menschen in Deutschland angaben zu laufen, davon aber nur 3 bis 4 Millionen tatsächlich auch mehrfach die Woche. Die anderen 12 bis 13 Millionen können dafür Geschichten wie die vorangegangene erzählen.
Wie wird man aber zu einem wahren »Dauerläufer«, was ist das Erfolgsrezept? Die Lösung ist einfach: Laufen Sie täglich!
Alles was der Mensch über mindestens vier Wochen täglich macht, das geht ihm in Fleisch und Blut über. Er gewöhnt sich dran. Ohne lange zu überlegen macht er es, er braucht es einfach. Ein vielleicht ungewöhnliches Beispiel aus einem anderen, auch sehr menschlichen Bereich. Ein Mensch mit unregelmäßigem Stuhlgang, der irgendwann damit anfängt sich jeden Tag nach dem Frühstück auf die Toilette zu setzen, der wird schon bald immer morgens müssen. Der Organismus gewöhnt sich dran, er gehorcht dem Befehl des Willens. Und so wird es Ihnen als Laufanfänger auch passieren. Stellen Sie sich die Laufschuhe direkt neben das Bett. Laufen Sie jeden Morgen nach dem Aufwachen 30 bis 40 Minuten. Am Stück oder mit Gehpausen, auf dem Laufband oder draußen, alles ganz egal. Hauptsache langsam, ohne zu schnaufen, dafür aber jeden Tag. Sie werden es spüren, bald brauchen Sie das Laufen, Sie brauchen die tägliche Sauerstoffdusche, es entwickelt sich ein Verlangen, weil Sie sich einfach fitter fühlen – nach dem Laufen. Und wenn Sie es schaffen, vier Wochen täglich zu laufen, dann hören Sie nie wieder auf, selbst wenn Sie später auch mal den ein oder anderen Tag pausieren.

In der Regel signalisiert Ihnen Ihr Körper – zum Beispiel durch Durst –, dass er Erholung braucht. Auf diese Körpersignale sollten Sie achten, diese keineswegs überhören. Planen Sie ganz gezielt regenerative Maßnahmen in Ihren Trainingsalltag ein. Regelmäßige Ruhetage unterstützen die Entspannung, aber auch Ausgleichssport wie Schwimmen, Radfahren, Yoga oder Dehnübungen fördern die Erholung aktiv.

Eiweiß nach dem Lauftraining

»Nach dem Training Apfelsaftschorle« ist ein oft gehörter und im Prinzip richtiger Ratschlag. Denn eine Schorle bestehend aus einem Drittel Apfelsaft und zwei Dritteln Wasser führt dem Körper Energie durch Kohlenhydrate zu. Doch wenn Sie laufen um abzunehmen, dann sollten Sie in den ersten 2 Stunden nach dem Training keine

Schwitzen ist gesund.

Energie in Form von Kohlenhydraten zu sich nehmen. Denn noch 2 Stunden nach dem Training ist der Energieumsatz Ihres Körpers erhöht. Wenn Sie in dieser Zeit keine Energie zuführen, dann verbrauchen Sie Ihre Reserven, die überflüssigen Fettpölsterchen. Die Folge ist: Sie nehmen ab! Sie können diesen Effekt sogar noch steigern, indem Sie nach dem Training Eiweiß verzehren, einen mageren Joghurt zum Beispiel oder einen Eiweiß-Shake mit fettarmer Milch. Eiweiß unterstützt nicht nur die Erholung der Muskulatur, es unterstützt auch den Fettstoffwechsel.

Sauna, Massagen, Stretching, Pferdesalbe

Es soll Läufer geben, die an lauffreien Tagen das schlechte Gewissen plagt. Also bei mir ist das anders. Ich laufe viel und gerne, doch ich freue mich auch über Ruhetage. Sie sind die Belohnung für den vorangegangenen Trainingsfleiß. Regeneration kann man auch zelebrieren, durch das Einreiben der Beine mit Pferdesalbe, durch ausgiebiges Stretching am Abend, durch ein oder zwei Saunagänge, gelegentliche Massagen und am Abend durch die Lektüre eines guten Buches über Laufen.

Runner's High – Die Lust zu laufen

Mit »Runner's High« bezeichnet man die Glücksgefühle, die beim Laufen auftreten können, wenn Sie sich der Leichtigkeit des Laufens bewusst werden, Sie das Gefühl haben, im angeschlagenen Tempo immer weiter laufen zu können. Für mich ist Runner's High viel mehr: das Laufen bei Sonnenaufgang, das stolze Gefühl unter der Dusche, die sprudelnden Ideen beim in Gedanken versunkenen Vormichhintraben. Unter »Runner's High – Die Lust zu laufen« finden Sie im Copress-Verlag ein weiteres Buch von mir, keinen Ratgeber, vielmehr eine unterhaltsame Sammlung von Erlebnissen, die auch Ihnen so oder in ähnlicher Form bekannt vorkommen werden.

Trainingspläne zum Abnehmen

Genug der Theorie, jetzt wird es praktisch! Auf den nächsten Seiten finden Sie 3 Trainingspläne, die Sie – je nach Ausgangssituation – anwenden können. Problemlos können Sie diese Trainingspläne auch hintereinander erfüllen und werden so in nur 32 Wochen einen Halbmarathon erfolgreich absolvieren. Unmöglich? Nichts ist unmöglich, Sie können das schaffen! Auch wenn Ihnen heute gar keine Gedanken an so etwas wie Volksläufe oder gar Halbmarathon in den Kopf kommen, so macht die Folge der Trainingspläne auch deshalb Sinn, weil Sie so in 8 Monaten in die Lage versetzt werden, 2 Stunden am Stück laufen zu können. Und Sie wissen ja: Je länger sie langsam laufen können, umso mehr Fettkalorien verbrennen Sie.

Der Trainingsplan für **Anfänger** (siehe S. 67, 71) richtet sich an absolute Laufanfänger ohne Kondition. Innerhalb von nur 8 Wochen wird es Ihnen damit gelingen, vom Nichtläufer zum Dauerläufer zu werden. Nach nur 8 Wochen Training problemlos 40 Minuten am Stück durchlaufen, eine tolle Leistung.

Eine gewisse Grundkondition setzt der Trainingsplan für **Wiedereinsteiger** (siehe S. 68, 72) voraus. Sie werden damit gut trainieren können, wenn Sie bereits über Lauferfahrung verfügen, oder wenn Sie in den letzten Monaten und Jahren einen anderen Ausdauersport gemacht haben.

An **fortgeschrittene** Läufer wendet sich der 3. Trainingsplan (siehe S. 70, 73). In 12 Wochen werden Sie einen Halbmarathon laufen können, die vielleicht schönste Volkslaufdistanz überhaupt. Mit diesem Trainingsplan möchte ich gerade auch diejenigen ansprechen, die schon längere Zeit laufen, aber mit dem Abnehmen noch keinen entscheidenden Schritt weitergekommen sind. Jetzt werden Sie die unbewussten alten Trainingsfehler vermeiden und Fettpölsterchen weglaufen.
Die Trainingspläne sind sehr einfach zu lesen, denn die Abkürzungen und den Farbcode werden Sie sehr schnell verstehen.

Training mit der Pulsuhr

Sie erkennen in der Tabelle unten die Trainingsbereiche der Laufcampus-Methode wieder, die ich auf den Seiten 48 ff. ausführlich vorgestellt habe. Nach einer Leistungsdiagnostik kennen Sie Ihre Herzfrequenz-Zonen für die Trainingsbereiche SSL bis RT.

Wenn Sie zumindest Ihren Maximalpuls (Hf_{max}) ermittelt haben, dann helfen Ihnen die Prozentangaben. Zum Beispiel läuft eine Person mit einem Maximalpuls von 175 den MDL in einem Bereich von 131 bis 138 Schlägen pro Minute.

Training nach Geschwindigkeit

Wenn Sie zeitorientiert laufen möchten, auf einer vermessenen Strecke oder vielleicht mit Hilfe einer GPS-Uhr, dann helfen Ihnen die Tempoangaben weiter. Auch hier ein Beispiel: Wenn Sie aktuell 10 Kilometer schnellstmöglich in 60 Minuten laufen können, so ergibt sich zunächst ein Kilometerschnitt von 06:00 min/km und daraus ein Tempobereich für den LDL von 07:45 bis 08:00 min/km.

Training nach Körpergefühl

Wenn Sie jedoch ganz ohne technische Hilfsmittel laufen möchten, dann hilft Ihnen zur Orientierung mein Ratschlag

TRAINING MIT DER PULSUHR

TRAININGSEFFEKT	TRAININGSBEREICHE		PROZENT DER HF_{MAX}
DAUERLAUF	Super-Sauerstofflauf	SSL	66-70
	Langsamer Dauerlauf	LDL	70-74
	Mittlerer Dauerlauf	MDL	75-79
	Zügiger Dauerlauf	ZDL	80-84
TEMPOTRAINING	Reiztempo	RT	85-94
REGENERATION	Regeneration	RG	
	Regenerationstraining	RGT	
	Gehpausen	GP	

TRAINING NACH GESCHWINDIGKEIT

TRAININGSEFFEKT	TRAININGSBEREICHE		AUFSCHLAG (MIN) 10 RT
DAUERLAUF	Super-Sauerstofflauf	SSL	02:15 - 02:30
	Langsamer Dauerlauf	LDL	01:45 - 02:00
	Mittlerer Dauerlauf	MDL	01:15 - 01:30
	Zügiger Dauerlauf	ZDL	00:45 - 01:00
TEMPOTRAINING	Marathontempo	MRT	00:35
	Halbmarathontempo	HMRT	00:15
	10 Kilometer-Renntempo	10RT	Schnitt min/km

»Laufen ohne Schnaufen«, womit ich meine, dass Sie sich im LDL noch problemlos unterhalten können sollten, während es im RT aber nur noch für kurzatmige Antworten wie »Ja« oder »Nein« reichen wird.

Trainingsplan für Anfänger

Klasse, dass Sie sich diesen Trainingsplan (siehe S. 71) anschauen. Damit fängt alles an, Sie wollen durch Laufen abnehmen und beschäftigen sich nun mit den ersten Schritten zum Wunschgewicht.
Wie Sie in den vorherigen Abschnitten gelernt haben, ist eine 40-minütige Laufeinheit das erste Ziel. Mit 40 Minuten Ausdauertraining stärken Sie Herz und Kreislauf und aktivieren die Fettverbrennung. Und 40 Minuten durchlaufen, das wird Ihnen schon innerhalb von 8 Wochen gelingen. Sie werden mit 4-mal Training pro Woche ohne Kondition vom Läufer zum Dauerläufer. Bedenken Sie aber schon jetzt, dass Sie die Erfolge auf der Waage insbesondere nach diesen 8 Anfangswochen feiern werden. Denn gerade als Noch-Nicht-Sportler werden Sie nicht nur Fettpölsterchen verlieren, sondern auch an Muskeln zunehmen. Der Körperfettanteil schrumpft. Ihre Figur wird mit jedem Tag attraktiver und athletischer. Bei den meisten Anfängern fängt erst nach 6 bis

Laufen macht und hält fit.

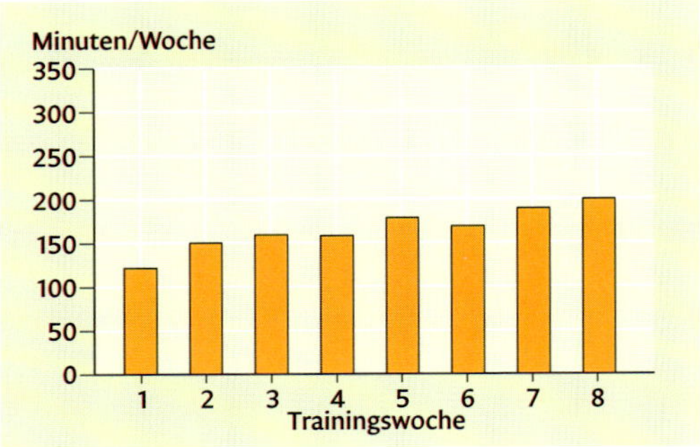

120 bis 200 Minuten pro Woche

8 Wochen auch der erhoffte Gewichtsverlust an, aber dann rapide und kontinuierlich – bis zum Wunschgewicht.

Vom Nicht-Läufer zum Dauerläufer

In den ersten Wochen geht es in erster Linie darum, aus Ihnen einen Läufer zu machen (siehe S. 72). In dieser Zeit reichen für Sie zwei Tempobereiche: LDL, also langsames Dauerlaufen, und GP, Gehpausen. Wechseln Sie ab, halten Sie sich an die Zeitfenster und kontrollieren Sie sich mit der Uhr. Wenn Sie sich unterfordert fühlen, macht nichts, halten Sie sich dennoch an die Zeitfenster. Denn zu viel Euphorie am Anfang birgt die Gefahr der Überanstrengung. Doch was ich im Sinn habe, ist aus Ihnen einen Dauerläufer zu machen, der auch in vielen Jahren noch mit Freude durch die Parks und Wälder joggt.

Wenn Sie sich in der kleinen Geschichte **»Anfänger sollten täglich laufen!«** wiedererkennen, dann empfehle ich Ihnen für die ersten 4 Wochen an den Ruhetagen Regenerationstraining in Form von 20 bis 30 Minuten ruhigem Walken. Denn Sie wissen, wer 4 Wochen täglich trainiert, der hört nie mehr auf.

Trainingsplan für (Wieder-)Einsteiger

Sie können bereits problemlos 40 Minuten am Stück durchlaufen und wollen sich nun verbessern. Ob Sie nun schneller werden wollen oder einfach nur ausdauernder – ganz egal: mit diesem Plan wird es Ihnen gelingen.

Erfolg durch Abwechslung

Dieser Trainingsplan (siehe S. 72) ist sehr abwechslungsreich, bringt neuen Schwung in Ihren läuferischen Alltag, was den Spaßfaktor deutlich erhöht. Sie lernen allmählich 5 verschiedene Trainingsbereiche kennen, vom ganz langsamen und regenerativen Super-Sauerstofflauf (SSL) bis zum

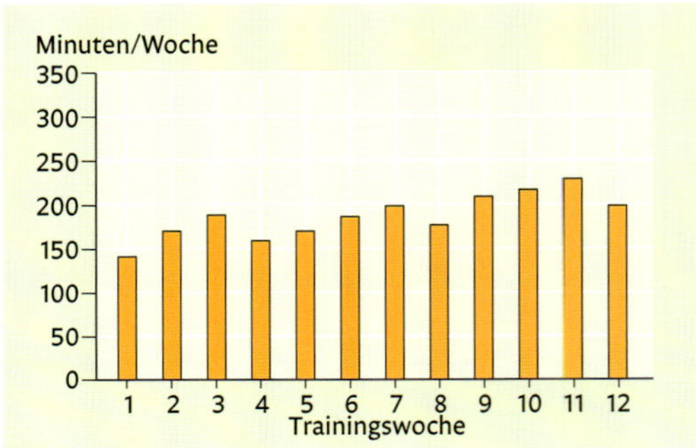

140 bis 230 Minuten pro Woche

Laufen ohne Schnaufen. So lange Sie sich noch unterhalten können ist das Training besonders effektiv.

zügigen Dauerlauf (ZDL), der Ihnen schon einiges mehr abverlangen wird. Doch keine Sorge, der Trainingsplan baut Ihre Form ganz vorsichtig auf, gönnt Ihnen immer wieder auch ruhigere Wochen zum Verschnaufen, wie Ihnen schon der Blick auf die nachfolgende Wochenübersicht verraten wird.

Ziel dieses Trainingsplanes ist, Sie in die Lage zu versetzen, 1 ½ Stunden am Stück durchlaufen zu können. Gerade die MDL und LDL sind für den Kalorienverbrauch sehr wichtig. Sicher fällt Ihnen die Kombination SSL und LDL am Samstag und Sonntag auf. Am Samstag holen Sie sich die Kraft und Lust, am Sonntag einen schönen langen Lauf zu machen. Auch ich mache dies immer so, samstags kurz und sehr ruhig und sonntags etwas schneller und deutlich länger.

Trainingsplan für Fortgeschrittene

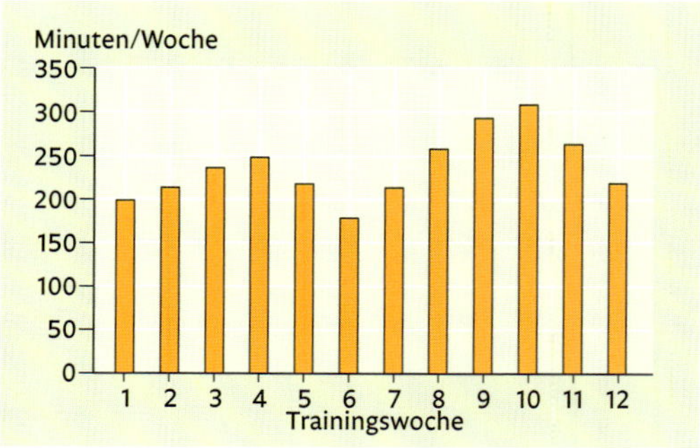

200 bis 310 Minuten pro Woche

Unter Läufern, die regelmäßig langsame Läufe zwischen 90 und 120 Minuten machen, werden Sie keine Übergewichtigen finden. Warum dies so ist, das habe ich in den ersten Kapiteln erklärt. Daher und weil ich Halbmarathon für die schönste Wettkampfdistanz halte, möchte ich Sie mit dem motivierenden Ziel »Finisher Halbmarathon« zu einem Freund langer Dauerläufe machen. Und wenn Sie dann noch Spaß an Volksläufen finden, dann freue ich mich darüber noch mehr.

Herausforderung Halbmarathon – für jeden eine lösbare Aufgabe.

Intervalltraining

In diesem Trainingsplan (siehe S. 73) machen Sie erstmals auch Bekanntschaft mit Intervalltraining. Hierzu ist Folgendes für Sie wichtig: Halten Sie sich sowohl an die Dauer der Belastung RT als auch an die Dauer der Erholungsphase GP. Wenn Sie herzfrequenzorientiert trainieren, dann berücksichtigen Sie, dass Sie den zutreffenden Pulsbereich erst im Laufe des Intervalls erreichen werden. Bei 4 Minuten im Reiztempo sollte Ihre Pulsuhr nach ca. 2 Minuten den angestrebten Wert erreichen. Wenn Sie das Intervalltraining zeitorientiert laufen wollen – also ich mache es so, denn wenn ich einen Wettkampf vorhabe, dann habe ich meist auch ein Zeitziel im Kopf –, dann trainieren Sie die Intervalle bis 5 Minuten im 10RT und die längeren bis 20 Minuten im HMRT.

TRAININGSPLAN FÜR ANFÄNGER

	TRAINING	MO	DI	MI	DO	FR	SA	SO	SUMME
WOCHE 1	MINUTEN		30		30		30	30	120
	TRAINING	RG/RGT	*Im Wechsel:* 6 min LDL 4 min GP Rest LDL	RG/RGT	*Im Wechsel:* 6 min LDL 4 min GP Rest LDL	RG/RGT	*Im Wechsel:* 6 min LDL 4 min GP Rest LDL	*Im Wechsel:* 6 min LDL 4 min GP Rest LDL	
WOCHE 2	MINUTEN		40		40		40	30	150
	TRAINING	RG/RGT	*Im Wechsel:* 8 min LDL 3 min GP Rest LDL	RG/RGT	*Im Wechsel:* 8 min LDL 3 min GP Rest LDL	RG/RGT	*Im Wechsel:* 8 min LDL 3 min GP Rest LD	*Im Wechsel:* 8 min LDL 3 min GP Rest LDL	
WOCHE 3	MINUTEN		40		40		40	40	160
	TRAINING	RG/RGT	*Im Wechsel:* 10 min LDL 3 min GP Rest LDL	RG/RGT	*Im Wechsel:* 10 min LDL 3 min GP Rest LDL	RG/RGT	*Im Wechsel:* 10 min LDL 3 min GP Rest LDL	*Im Wechsel:* 10 min LDL 3 min GP Rest LDL	
WOCHE 4	MINUTEN		40		40		40	40	160
	TRAINING	RG/RGT	*Im Wechsel:* 15 min LDL 2 min GP Rest LDL	RG/RGT	*Im Wechsel:* 15 min LDL 2 min GP Rest LDL	RG/RGT	*Im Wechsel:* 15 min LDL 2 min GP Rest LDL	*Im Wechsel:* 15 min LDL 2 min GP Rest LDL	
WOCHE 5	MINUTEN		40		50		40	50	180
	TRAINING	RG/RGT	*Im Wechsel:* 20 min LDL 2 min GP Rest LDL	RG/RGT	*Im Wechsel:* 20 min LDL 2 min GP Rest LDL	RG/RGT	*Im Wechsel:* 20 min LDL 2 min GP Rest LDL	*Im Wechsel:* 20 min LDL 2 min GP Rest LDL	
WOCHE 6	MINUTEN		40		40		40	50	170
	TRAINING	RG/RGT	*Im Wechsel:* 30 min LDL 2 min GP Rest LDL	RG/RGT	*Im Wechsel:* 30 min LDL 2 min GP Rest LDL	RG/RGT	*Im Wechsel:* 30 min LDL 2 min GP Rest LDL	*Im Wechsel:* 30 min LDL 2 min GP Rest LDL	
WOCHE 7	MINUTEN		40		50		40	60	190
	TRAINING	RG/RGT	LDL	RG/RGT	LDL 40 min LDL 2 min GP Rest LDL	RG/RGT	LDL	LDL 40 min LDL 2 min GP Rest LDL	
WOCHE 8	MINUTEN		40		60		40	60	200
	TRAINING	RG/RGT	LDL	RG /RGT	LDL	RG/RGT	LDL	LDL	

TRAININGSPLAN FÜR (WIEDER-)EINSTEIGER

	TRAINING	MO	DI	MI	DO	FR	SA	SO	SUMME
WO 1	MINUTEN		30		40		30	40	140
	TRAINING	RG/RGT	SSL	RG/RGT	LDL	RG/RGT	SSL	LDL	
WO 2	MINUTEN		40		40		40	50	170
	TRAINING	RG/RGT	SSL	RG/RGT	LDL	RG/RGT	SSL	LDL	
WO 3	MINUTEN		40		50		40	60	190
	TRAINING	RG/RGT	SSL	RG/RGT	LDL	RG/RGT	SSL	LDL	
WO 4	MINUTEN		40		40		40	40	160
	TRAINING	RG/RGT	SSL	RG/RGT	LDL	RG/RGT	SSL	LDL	
WO 5	MINUTEN		40		40		40	50	170
	TRAINING	RG/RGT	LDL	RG/RGT	MDL	RG/RGT	SSL	LDL	
WO 6	MINUTEN		40		50		40	60	190
	TRAINING	RG/RGT	LDL	RG/RGT	MDL	RG/RGT	SSL	LDL	
WO 7	MINUTEN		40		50		40	70	200
	TRAINING	RG/RGT	LDL	RG/RGT	MDL	RG/RGT	SSL	LDL	
WO 8	MINUTEN		40		40		40	60	180
	TRAINING	RG/RGT	LDL	RG/RGT	MDL	RG/RGT	SSL	LDL	
WO 9	MINUTEN		40		60		40	70	210
	TRAINING	RG/RGT	LDL	RG/RGT	MDL	RG/RGT	SSL	LDL	
WO 10	MINUTEN		40		60		40	80	220
	TRAINING	RG/RGT	LDL	RG/RGT	20 min LD 20 min ZDL 20 min LDL	RG/RGT	SSL	LDL	
WO 11	MINUTEN		40		60		40	90	230
	TRAINING	RG/RGT	LDL	RG/RGT	MDL	RG/RGT	SSL	LDL	
WO 12	MINUTEN		40		60		40	60	200
	TRAINING	RG/RGT	LDL	RG/RGT	15 min LDL 30 min ZDL 15 min LDL	RG/RGT	SSL L	DL	

TRAININGSPLAN FÜR FORTGESCHRITTENE

	TRAINING	MO	DI	MI	DO	FR	SA	SO	SUMME
WO 1	MINUTEN TRAINING	RG / RGT	40 10 min LDL 20 min ZDL 10 min LDL	RG / RGT	60 LDL	RG / RGT	40 SSL	60 LDL	200
WO 2	MINUTEN TRAINING	RG / RGT	40 10 min LDL 4 x 4 min RT dazw 2 min GP Rest LDL	RG / RGT	60 LDL	RG / RGT	40 SSL	75 LDL	215
WO 3	MINUTEN TRAINING	RG / RGT	50 15 min LDL 25 min ZDL 10 min LDL	RG / RGT	60 LDL	RG / RGT	40 SSL	90 LDL	240
WO 4	MINUTEN TRAINING	RG / RGT	50 10 min LDL 5 x 5 min RT dazw 2 min GP Rest LDL	RG / RGT	60 LDL	RG / RGT	40 SSL	100 LDL	250
WO 5	MINUTEN TRAINING	RG / RGT	60 15 min LDL 30 min ZDL 15 min LDL	RG / RGT	60 LDL	RG / RGT	40 SSL	60 LDL	220
WO 6	MINUTEN TRAINING	RG / RGT	70 10 min LDL 4 x 10 min RT dazw 3 min GP Rest LDL	RG / RGT	RG	RG	40 dann 10 km VL 5 min LDL SSL	70 5 min LDL	180
WO 7	MINUTEN TRAINING	RG / RGT	40 LDL	RG / RGT	60 MDL	RG / RGT	40 SL	75 LDL	215
WO 8	MINUTEN TRAINING	RG / RGT	70 10 min LDL 4 x 10 min RT dazw 3 min GP Rest LDL	RG / RGT	60 MDL	RG / RGT	40 SSL	90 LDL	260
WO 9	MINUTEN TRAINING	RG / RGT	90 10 min LDL 4 x 15 min RT dazw 4 min GP Rest LDL	RG / RGT	60 MDL	RG / RGT	40 SSL	105 LDL	295
WO 10	MINUTEN TRAINING	RG / RGT	90 10 min LDL 3 x 20 min RT dazw 5 min GP Rest LDL	RG / RGT	60 MDL	RG / RGT	40 SSL	120 LDL	310
WO 11	MINUTEN TRAINING	RG / RGT	90 10 min LDL 3 x 20 min RT dazw 5 min GP Rest LDL	RG / RGT	60 MDL	RG / RGT	40 SSL	75 5 min LDL	265
WO 12	MINUTEN TRAINING	RG / RGT	40 10 min LDL 4 x 4 min RT dazw 2 min GP Rest LDL	RG / RGT	RG	RG	40 SSL	140 5 min LDL dann HM VL 5 min LDL	220

KRÄFTIGEN – EFFEKTIVE GYMNASTIK

Übungen für mehr Kraft und Körperspannung

Muskelschwund ab 35 Jahren ist etwas ganz Normales, aber hinnehmen müssen Sie dies nicht. »Use it or loose it«, sagt der Amerikaner.
Muskeln sehen gut aus, verrichten die Arbeit und geben dem Skelett Halt. Dazu verbrennen Sie auch noch Fett - und das sogar im Schlaf.
Mit Ihrem Lauftraining trainieren Sie hauptsächlich die größte Muskelgruppe, die Bein- und Gesäßmuskulatur. Aber auch Oberkörper und Rumpf benötigen ein gezieltes Krafttraining, um das Bewegungs- und Haltesystem zu unterstützen.
Eine starke Rumpfmuskulatur erkennt man gerade beim Langstreckenläufer schon von Weitem. Gut trainierte Läufer haben auch nach mehr als 90 Minuten Lauftraining noch einen aufrechten und dynamischen Laufschritt, müde Rumpfmuskeln hingegen führen zu einem runden Rücken und »Schlappschritt«. Schrittfrequenz und Schrittlänge werden sinken, die Laufgeschwindigkeit nimmt ab.

Die 3x3x3-Regel

Krafttraining sollte ein fester Bestandteil Ihres Trainingsplanes sein. Dreimal pro Woche jeweils drei Übungen in drei Serien. So einfach geht's.

1

2

Übungen für Arme, Brust & Schultern

1+2 Gehen Sie in den Liegestütz, Hände etwa schulterbreit voneinander entfernt, die Finger zeigen schräg nach vorn, die Füße sind leicht auseinander. Der Körper ist von Kopf bis Fuß gespannt. Beugen Sie beide Arme gleichzeitig, bis der gestreckte Oberkörper parallel zum Boden ist, anschließend die Arme wieder in die Ausgangslage strecken. 8 bis 15 Wiederholungen. Achten Sie auf eine fließende, aber ruhige, nicht schnelle Ausführung.

3 + 4 Setzen Sie sich mit dem Rücken vor einen Stuhl, die Beine sind nach vorne gestreckt. Stützen Sie sich nun mit den Händen am Stuhl ab und strecken Sie die Arme. Beugen Sie die Arme, bis das Gesäß nur noch wenige Zentimeter vom Boden entfernt ist. Dann wieder strecken. 8 bis 15 Wiederholungen.

3

4

Der richtige Zeitpunkt für Krafttraining ist
1. immer dann, wenn Sie gerade Lust und Zeit dazu haben, oder
2. direkt nach dem Lauftraining – Ihre Muskulatur ist jetzt schön warm und gut durchblutet, oder
3. zu einem festen Zeitpunkt in Ihrem Tagesablauf, zum Beispiel während der Tagesschau.

Übungen für Rücken, Gesäß & Hüfte

1 Gehen Sie in den Liegestütz, legen Sie sich auf die Unterarme, die Hände zeigen leicht nach innen, die Füße sind bei gestrecktem Körper leicht auseinandergestellt.

1

Variante A:

Halten Sie diese Position nun 20 bis 30 Sekunden und wiederholen Sie dies nach einer kurzen Entspannungspause 3-mal.

Variante B:

2 Heben Sie in der oben beschriebenen Ausgangslage nun abwechselnd das linke und rechte Bein vom Boden. Je Bein 8 bis 15 Wiederholungen.

2

3

3 Gehen Sie in den Seitstütz, indem Sie sich auf dem Unterarm abstützen, einen Fuß vor den anderen legen und durch Anspannung der gesamten Rumpfmuskulatur mit dem Körper eine gerade Linie bilden. Verharren Sie in dieser Position 20 bis 30 Sekunden, dann die Seite wechseln. Je Seite 3 bis 5 Wiederholungen.

4

4 Gehen Sie in eine Seitlage und legen Sie den Kopf auf den angewinkelten Arm ab. Mit der anderen Hand stützen Sie sich vor dem Bauch ab. Beide Beine sind gestreckt. Heben und senken Sie das obere Bein, ohne es zwischendurch abzulegen. 10 bis 15 Wiederholungen, dann die Seite wechseln.

5

5 Wieder in der Seitlage, ziehen Sie diesmal das obere Knie an. Dann legen Sie es am Boden ab und heben und senken das untere Bein 20 bis 20 Zentimeter vom Boden ohne es zwischendurch abzusetzen. 10 bis 15 Wiederholungen, dann die Seite wechseln.

Übungen für die Bauchmuskulatur

1+2 Gehen Sie in die Rückenlage und setzen Sie die Fersen so auf, dass Ober- und Unterschenkel einen rechten Winkel bilden. Legen Sie die Hände hinter den Kopf und heben Sie Kopf und Schultern so weit wie möglich vom Boden ab. Blicken Sie dabei schräg nach vorne an die Decke und vermeiden Sie mit den Armen gegen den Kopf zu drücken. Verharren Sie so eine kurze Zeit und legen Sie sich dann wieder entspannt auf den Boden. 8 bis 15 Wiederholungen.

1

2

3 Gehen Sie wiederum in die Rückenlage, setzen Sie diesmal das linke Bein fest auf. Legen Sie nun den rechten Fuß auf das linke Knie und den rechten Arm neben den Körper. Mit der linken Hand fassen Sie an den Hinterkopf. Bringen Sie nun den linken Ellenbogen zum rechten Knie und legen Sie sich dann wieder zurück. 8 bis 15 Wiederholungen. Nach einer kurzen Pause die Übung seitenverkehrt ausüben.

3

4 In der Rückenlage legen Sie beide Arme ausgestreckt neben den Körper. Heben Sie den Kopf und ziehen Sie das Kinn Richtung Brust. Nun im Wechsel die Beine anziehen und strecken. 10-mal pro Seite wiederholen.

4

Ernährung, die fit macht

Was lernt man nicht alles in der Schule? Wahrscheinlichkeitsrechnung, Latein und Wissenswertes über die wichtigsten Revolutionen der Weltgeschichte. Doch richtige Ernährung? Fehlanzeige. Und so schlittert die Menschheit in die Süßigkeiten- und Fastfood-Falle.

Und dabei ist es so einfach, dem Körper das zu geben, was er braucht, und das zu lassen, was dick und krank macht. Auf den nächsten Seiten bekommen Sie einige praktische Tipps, die Ihr Einkaufs- und Essverhalten nachhaltig beeinflussen sollen und damit Ihre Gesundheit fördern.

Gesund essen statt Kalorien zählen

»War das ein schöner Lauf! Und jetzt ein leckeres Bier!«. Warum nicht?
Versuchen Sie gar nicht erst sich 100-prozentig korrekt zu ernähren. Mein Vorschlag lautet 80 Prozent. Damit leben Sie gesünder als 95 Prozent Ihrer Mitmenschen und es bleibt immer noch genug Raum für die Schokolade, den Hamburger oder das frisch gezapfte Bier. Im folgenden Kapitel finden Sie praktische Einkaufs- und Entscheidungshilfen für Ihren Küchentisch.

Wecken Sie Ihre somatische Intelligenz

Regelmäßiges Laufen und gesunde Ernährung bilden eine Symbiose, die einfach unschlagbar ist. In den vorhergehenden Kapiteln haben Sie alles Notwendige für ein erfolgreiches Lauftraining erfahren. Damit greifen Sie die Energiebilanz am Faktor Verbrauch an. Zur Erinnerung: Wenn Sie

Appetit holen auf dem Markt

die Summe der Kalorien aus Energiezufuhr abzüglich Energieverbrauch ermitteln, dann errechnen Sie Ihre Energiebilanz. Um abzunehmen reicht es meistens, wenn Sie ungesunde Nahrungsmittel weglassen. Dann erübrigt sich in den meisten Fällen das Zählen der Kalorien. Doch was ist gesund und was ungesund?
Sich gesund zu ernähren - das geht einfacher als viele vermuten. Läufer lernen bald nach Beginn der Läuferkarriere die »somatische Intelligenz« kennen. Ganz unterbewusst greifen sie zu Lebensmitteln, die ihnen guttun und vermeiden immer häufiger Lebensmittel, die die Erfolge des Trainings konterkarieren. Sie trinken Wasser statt Cola, Apfelsaftschorle statt Bier

Frucht- oder Industriezucker - Sie haben die Wahl

und essen Salzkartoffel statt Pommes. Diese somatische Intelligenz ist das Ergebnis von sechs Millionen Jahren Evolution. Ihr Körper weiß genau, was er braucht, instinktiv. Doch leider hat das zivilisierte Leben so viele Verlockungen parat, die unsere Intelligenz übertrumpfen. Zucker zum Beispiel. Wir haben gelernt, süß ist gut, süßer ist besser. Reichen Sie einem Urwaldmenschen einen Schoko-Riegel und eine reife Banane, er wird instinktiv die Banane nehmen. Doch was machen wir »Könige der Zivilisation«? Wir wissen, dass der schokoladige Knabberspaß noch mehr süßes Vergnügen bereitet und greifen nach dem Riegel. Unsere Geschmacksnerven sind durch Werbung und Industrieprodukte verdorben. Dass Industriezucker in großen Mengen für unsere Gesundheit schädlich und für unsere Fettpolster ein gefundenes Fressen ist, das schmecken wir nicht und - noch schlimmer - viele wissen es nicht mal.

Somatische Intelligenz – Was ist das eigentlich?

Somatisch bedeutet auf den Körper bezogen. Unter einer somatischen Intelligenz versteht man folglich ein intelligentes Verhalten in Bezug auf seinen Körper. Wenn Sie im Büro das Fenster aufreißen, dann tun Sie das nicht, weil Ihr Verstand Ihnen sagt, dass mit einem erhöhten Sauerstoffanteil im Blut Ihre Aufnahme- und Leistungsfähigkeit deutlich besser wäre. Sie machen es, weil es Ihnen guttut. Die Körpersignale senden »Dicke Luft hier, wenn ich jetzt frische hätte, dann ginge es mir erheblich besser.«

Schlüsselfrage: Ist das natürlich?

Die Verlockungen des Industriezuckers sind genauso stark wie Ihre somatische Intelligenz. Stellen Sie sich beides als Waage im Gleichgewicht vor. Wenn Sie sich darüber klar werden, kann Ihr Verstand der somatischen Intelligenz helfen, dass die Waage auf der Gesundheitsseite ein Übergewicht bekommt. Und das geht ganz einfach mit nur einer Frage: Ist das natürlich? Bedenken Sie, Sie sind das Ergebnis von Millionen Jahren Menschwerdung. In den letzten zwei Millionen Jahren ist der Mensch viel gelaufen. Er hat gejagt, gesammelt und ist um Kriege zu führen sogar tausende Kilometer gelaufen. Langes Laufen ist folglich natürlich, es liegt in unseren Genen. Stundenlanges Sitzen haben wir erst mit der Industrialisierung gelernt und die Natur bestraft uns mit Fettleibigkeit und Rückenbeschwerden. Zivilisationskrankheiten nennt man den Lohn unnatürlicher Trägheit.

Fragen Sie gezielt nach Bio-Produkten.

Natur oder Sondermüll?

Kommen wir zurück zum Thema Ernährung. Fragen Sie sich künftig im Zweifelsfall: Ist das natürlich? Hat mein Magen in den vergangenen Millionen Jahren gelernt dieses Nahrungsmittel zu verstoffwechseln? Kann er aus dem, was ich da gerade kaufen oder essen möchte, Mineralien, Vitamine, Spurenelemente, Hormone und Eiweiße ziehen und in körperliches Leben umwandeln? Oder plane ich gerade Sondermüll zu konsumieren, auf den mein Körper früher oder später mit Müdigkeit und Fettleibigkeit reagieren wird?
Machen wir den Test. Was ist natürlicher: Schokoriegel oder Banane? Fruchtzucker oder Industriezucker? Apfel oder Apfelkuchen? Weißmehl oder Vollkornmehl? Ein gebratenes Steak oder ein paniertes Schnitzel? Bonbons oder Rosinen? Wasser oder Limonade? Fruchtzwerge oder Bio-Joghurt? Und, und, und - es gibt sie immer, die natürliche Alternative.

Ein dekorativer Obstkorb sieht gut aus und verleitet zum Zugreifen.

Better Aging

Ich schreibe jetzt so clever, doch tatsächlich beginnt meine Familie jeden Morgen mit einem Obstsalat. Das war nicht immer so. Bevor wir uns für einen Esswandel entschieden haben, hat meine Frau täglich Marmeladenbrote gefrühstückt und ich Wurstbrote. Das haben wir von unseren Eltern so gelernt. Die wussten es nicht besser und wir haben es so übernommen. Doch wir haben uns »weiterentwickelt«, die Wurstbrote gegen helle Brötchen mit Nuss-Nougat-Creme getauscht. Dazu zwei Tassen schwarzen, gesüßten Kaffee. Weißmehl, Fett und Zucker sind Gift für unsere Lebensplanung, denn wir wollen gesund altern. Nicht »forever young« oder »anti aging«, »better aging« ist unser Motto. Seit sechs, sieben Jahren starten wir nun täglich mit einem Obstfrühstück. Zweimal in der Woche kaufen wir ein, auf dem Markt, beim Obsthändler oder in der Bioecke des Discounters. Gutes Obst ist für jeden erreichbar. Wir geben wöchentlich mehr als 50 Euro nur für Obst aus. Viel Geld, aber eine Investition in unsere Lebensplanung.

Obst der Saison wird morgens aufgeschnitten und in kleinen Portionen zum Frühstück gereicht. So haben wir auch unseren Sohn zu einem Obstesser gemacht. Und was wir früher nie für möglich gehalten hätten, auch Obst kann sättigen! Es befriedigt nicht nur unser Bedürfnis nach Süßem, es macht sogar satt. Als zweites Frühstück essen wir Müsli, nein nicht das mit Industriezucker gesüßte Fertigknuspermüsli, das war früher mal. Heute essen wir unser selbstgemachtes Powermüsli und die Süße kommt von den ungeschwefelten Rosinen.

Kommen wir zurück auf meine zentrale Botschaft: somatische Intelligenz und natürliches Essen. Sie werden es erleben, Sie können mit der Zeit Ihren Geschmack wieder für die neu erfahrenen Genüsse des Lebens sensibilisieren. Es gibt genug Menschen, die früher nur Cola und Limonade getrunken haben und heute voller Überzeugung sagen: »Es geht nichts über ein kühles, stilles Wasser«.

Ich wiederhole mich gerne, Ihre somatische Intelligenz können Sie wieder wecken, indem Sie sich zunächst bewusst fragen: Was ist gut für mich, was ist natürlich? Wählen Sie die entsprechenden Lebensmittel aus. Nehmen Sie sich Zeit für Ihren Einkauf, ein paar Wochen zumindest. Ihr Geschmack und Ihr Einkaufsverhalten werden sich bald umstellen, ich garantiere es Ihnen.

Gekauft, geputzt, gegessen

Salate der Saison sind wahre Nährstoffbomben.

Sie wollen wissen, was wir sonst so essen, mittags, abends, zwischendurch?
Wir sind in der glücklichen Lage, gemeinsam mittagzuessen. Meine Frau kocht täglich, insbesondere kohlenhydratreich, eiweißreich, arm an gesättigten Fetten und sehr abwechslungsreich. Ein paar Kniffe, wie es gelingt gesund und fettarm zu kochen, finden Sie in einem der folgenden Beiträge.
Abends essen wir gerne Vollkornbrot und belegen die Scheiben mit fettarmer Wurst und Käse, Quark und Brotaufstrichen aus dem Bioladen. Dazu gibt es Rohkost: Paprika, Tomaten, Möhren, Gurken, Radieschen. Das gefällt mir, weil es schnell geht: gekauft, geputzt, gegessen. Natürlich gibt es auch mal Salat mit Dressing. Und als Zwischenmahlzeit z. B. nach dem Training gönne ich mir immer einen Eiweiß-Shake. Der schmeckt nicht nur gut, der kurbelt vor allem die Regeneration an.

Besonders wertvoll – Das Läufer-Brot

Zusammen mit Bäckermeister Peter Mauel habe ich ein besonderes Vollkornbrot kreiert: das **»Läufer-Brot«**. Es ist ein Bio-Vollkornbrot mit 60 % Roggen, 40 % Dinkel und bedeutenden Zugaben von Amaranth, Kürbiskernen und Sonnenblumenkernen. Es wurde gezielt für die Ansprüche von Ausdauersportlern entwickelt. Es ist besonders reich an komplexen Kohlenhydraten, hat viele Mineralstoffe (Eisen, Kupfer, Mangan und Kalium) und ist somit eine wahre Magnesiumbombe mit wichtigen Vitaminen (Vitamine E und B) und essenziellen Eiweißen mit einer hohen biologischen Verfügbarkeit. Ich bin stolz darauf sagen zu können, dass das Läufer-Brot das meistverkaufte Bio-Vollkornbrot in unserer Gegend (Bonn, Rheinbach, Euskirchen) ist und der Bäcker Peter Mauel darüber nachdenkt, es deutschlandweit zu vertreiben. Weitere Infos unter www.mauels-backstube.de

10 Regeln für alle, die ihre Ernährung umstellen möchten

Gesunde Ernährung und Abnehmen ist einfacher als man denkt, wenn man sich an einige praktische Regeln hält. Das Einzige, was Sie darüber hinaus brauchen, ist Disziplin und ein wenig Solidarität in Ihrem Umfeld.

1. Gesunde Ernährung ist Familienangelegenheit

Gesunde Ernährung funktioniert nur, wenn die ganze Familie mitmacht. Ansonsten sind die Verlockungen einen Rückfall zu erleiden zu groß. Ich kenne Familien, da hat jeder seinen eigenen Bereich im Kühlschrank. Die Mutter füllt diesen mit Obst, Quark und Salat und Vater und Kinder mit Fertiggerichten und Mettwurst. Wenn nur ein Partner seine Ernährung »auf gesund« umstellen will, die Familie aber weiterhin ungesunde Industriekost zu sich nimmt, ist jeder Versuch bereits am Anfang zum Scheitern verurteilt. Versuchen Sie daher Ihre Familie oder Wohngemeinschaft zum Mitmachen zu bewegen. Machen Sie eine Verabredung. Sechs Wochen lang bestimmen Sie den Küchen- und Einkaufsplan. Danach kann jeder wieder essen was er will. Sie werden sehen, diese sechs Wochen reichen, um bei allen die Geschmacksnerven neu zu sensibilisieren und die Bereitschaft für einen nachhaltigen Wandel der Essgewohnheiten zu wecken.

2. Gesunde Ernährung fängt sofort an

Stellen Sie sofort Ihre Ernährung um, nicht erst, wenn die ungesunden Vorräte aufgebraucht sind. Schmeißen Sie daher alle Süßigkeiten sofort weg. Nein, nicht verschenken, Sie tun damit nichts Gutes. Gießen Sie die Cola in den Ausguss und den Likör gleich hinterher. Sie vernichten vielleicht 40, 50 Euro, aber Sie dienen damit der Gesundheit Ihrer Familie. Packen Sie zunächst alles in einen Korb und machen Sie sich beim Betrachten der Mengen klar, wie viele unnatürliche Dickmachquellen Sie bisher in Ihrem Haus lockten. Wenn Sie dann noch addieren, wie viel Haushaltsgeld in diesem Korb schlummert, welches Sie künftig einsparen, dann steigert das hoffentlich Ihre Bereitschaft, künftig auch mal eine teure Mango, frische Erdbeeren oder eine Ananas zu kaufen.

3. Abnehmen geht nur durch dauerhafte Umstellung

Kurzfristige Diäten sind Unsinn, wenn sich an der grundlegenden Ernährung nichts ändert. Sie brauchen Durchhaltevermögen. Die meisten Menschen machen in ihrem Ernährungsverhalten gerade mal 20 Prozent richtig und 80 Prozent falsch. Versuchen Sie diese Zahlen umzudrehen. Alles richtig zu machen ist gar nicht notwendig. Gönnen Sie sich nach einem sportlichen Tag mit gesunder Ernährung am Abend mal zwei Riegel Schokolade – am besten mit 70 Prozent Kakaoanteil– oder gönnen Sie sich eine 0,33 l-Flasche Ihres Lieblingsbieres. Wer 80 Prozent richtig macht, der darf auch mal ohne Reue sündigen.

Kaufen Sie Saison-Produkte!

4. Gesunde Ernährung fängt beim Einkaufen an

Dem Einkäufer der Familie fällt eine entscheidende Rolle zu. Vermeiden Sie grundsätzlich Süßes und Fettes einzukaufen. Kaufen Sie keine Alkoholika. Streichen Sie Sahne, Wurst allgemein, Streichwurst im Besonderen, Koteletts, Schinkenspeck etc. von Ihrem Einkaufszettel. Kaufen Sie mageren Quark, fettarmen Käse, fettarmen Schinken. Fragen Sie an der Wurst- und Käsetheke gezielt nach fettarmen Alternativen. Sie werden staunen, die Auswahl ist riesig. Die Umstellung beim Warenkauf ist der schwerste, aber entscheidende Schritt. Naschereien, die Sie tagsüber nicht kaufen, verleiten Sie am Abend auch nicht. Machen Sie vor dem Einkaufen einen Einkaufszettel, kaufen Sie dann auch nur das, was Sie tatsächlich brauchen.

5. Vermeiden Sie gesättigte Fette, Zucker und Alkohol

Zucker, Fett und Alkohol sind die am stärksten verbreiteten Dickmacher. Kuchen mit Sahne, Chips, Bier, Pommes mit Mayo, mit Käse überbackener Nudelauflauf, um nur ein paar Beispiele zu nennen, gehören nicht auf Ihren Ernährungsplan. Zucker gehört eigentlich aus dem Haushalt verbannt. Auch die meisten Kakaopulver enthalten viel Zucker. Süßen Sie mit Honig oder Früchten. Vermeiden Sie Weißmehl in jeder Form. Kein Toast, kein Graubrot, keine hellen Brötchen. Ziehen Sie Vollkornprodukte vor. Einen Verdauungsschnaps brauchen Sie künftig auch nicht mehr. Wenn Sie sich gesund ernähren, verstopft kein Fett Ihren Magen. Aperitifs gibt es auch alkoholfrei. Wie wäre es zum Beispiel mit einem frisch gepressten Orangensaft?

6. Essen Sie regelmäßig und verzichten Sie nie auf das Frühstück

Essen Sie regelmäßig, drei bis fünf Mal am Tag, am besten spätestens alle drei Stunden eine Kleinigkeit. Warten Sie nicht bis der Hunger zu groß wird. Wenn Ihre Energietanks immer gleichmäßig gefüllt sind, dann bekommen Sie keine »Fressattacken«. Verzichten Sie auf gar keinen Fall auf das Frühstück. Sie fahren ja auch nicht Auto ohne ausreichend Sprit. Über Nacht hat die Standby-Funktion Ihres Körpers die Energiedepots leer gefahren. Morgens müssen Sie daher die Speicher wenigstens ein bisschen wieder auffüllen. Und wenn Sie zwischen Aufstehen und Fahrt zum Büro nur wenig Zeit für sich haben, dann greifen Sie zu natürlichem Fastfood: Banane, Weintrauben, Mandarine.

Besonders gut verträglich – Wasser ohne Kohlensäure

7. Trinken Sie regelmäßig

Trinken Sie viel und regelmäßig. Trinken Sie stilles Wasser, entweder Leitungswasser oder Mineralwasser. Wasser ist Leben. Zu wenig Flüssigkeit führt zu Leistungseinbußen, Konzentrationsmangel, Verdauungsproblemen. Ist Ihr Stuhl hart oder weich? Wenn er hart ist, dann haben Sie zu wenig getrunken. Trinken Sie mindestens zwei Liter pro Tag.

8. Naschen Sie zwischendurch

Unsere Vorfahren haben auch keine roten Beeren am Wegesrand unberührt gelassen. Naschen ist natürlich, keine Zurückhaltung bitte. Doch wenn Sie Lust auf Süßes haben, dann knappern Sie Obst, gerne auch Trockenobst. Getrocknete Aprikosen, Apfelringe, Feigen, Pflaumen und Rosinen haben nicht nur sehr viel Fruchtzucker, sie sind auch wahre Vitamin- und Mineralienbomben. Getrocknetes Obst ist der Geheimtipp schlechthin für alle Naschkatzen.

Unzählige Vitamine, Spurenelemente und sekundäre Pflanzenstoffe

9. Keine Energie mehr nach 19.00 Uhr

Abends auf dem Sofa werden die größten Ernährungssünden begangen. Wein, Bier, Spirituosen, Chips, Plätzchen, Schokolade. Na ja, das werden Sie künftig ja nicht mehr einkaufen, wenn Sie Regel 5 beachten. Aber auch von gesunder Energie in Form von Nüssen und Früchten wenige Stunden vor der Nachtruhe ist abzuraten. Denn das was Sie essen und trinken wird erst einige Zeit später im Körper als Energie zur Verfügung gestellt. Und was wollen Sie mit Energie im Blut, wenn Sie eigentlich schlafen möchten? Vielen Menschen mit Schlafstörungen kann schon mit dem einfachen Tipp »Dinner-Canceling« geholfen werden. Denn Melatonin, das Hormon der Nacht, entwickelt sich erst, wenn die Energiereserven annähernd aufgebraucht wurden.

10. Essen Sie ausreichend und vielfältig Eiweiß

Der Körper besteht fast ausschließlich aus Eiweiß und Wasser. Eiweiß ist unser wichtigster Ernährungsbaustein. Eiweiß sättigt und baut Muskeln auf. Muskeln verbrennen Kalorien, auch im Schlaf. Mit regelmäßigem Laufen und einer eiweißreichen Ernährung kommen Sie Ihrer Wunschfigur immer näher.

Muskeln im Zusammenspiel von Kohlenhydraten und Eiweiß

Muskeln sehen gut aus und machen schlank. Muskeln verbrennen Fett, selbst im Schlaf. Wer seine Muskeln aufbauen möchte, muss diese trainieren. Nur wer seinen Körper fordert, kann mit einer Anpassung rechnen. Doch Sport ist nicht alles, Regeneration und eine optimale Ernährung sind ebenso wichtig für Fitness und Muskelwachstum.

Wenn Sie kurz entschlossen trainieren oder gerne morgens direkt nach dem Aufwachen joggen gehen, dann ist ein Sportgetränk auf Maltodextrin-Basis (langkettig) und etwas Fructose (kurzkettig) der schnellste und effektivste Weg, die Energiedepots wieder zu füllen.

Ernährung vor, während und nach dem Sport

Rechtzeitig vor dem Sport sollten Sie ausreichend Energie zuführen. Andernfalls zehrt der Körper von seinen stillen Reserven, verfeuert Muskeleiweiß und wandelt diese in Bewegungsenergie um. Muskelschwund ist die Folge und torpediert damit Ihr Trainingsziel.
Es ist viel besser, wenn Sie zwei bis drei Stunden vor dem Sport langkettige Kohlenhydrate zu sich nehmen, zum Beispiel in Form von Vollkornbrot mit Quark oder Müsli mit Haferflocken und Joghurt. Diese vollwertige Kost zu verstoffwechseln benötigt allerdings einige Zeit. Sie sollten also spätestens zwei Stunden vor dem Sport gegessen haben.

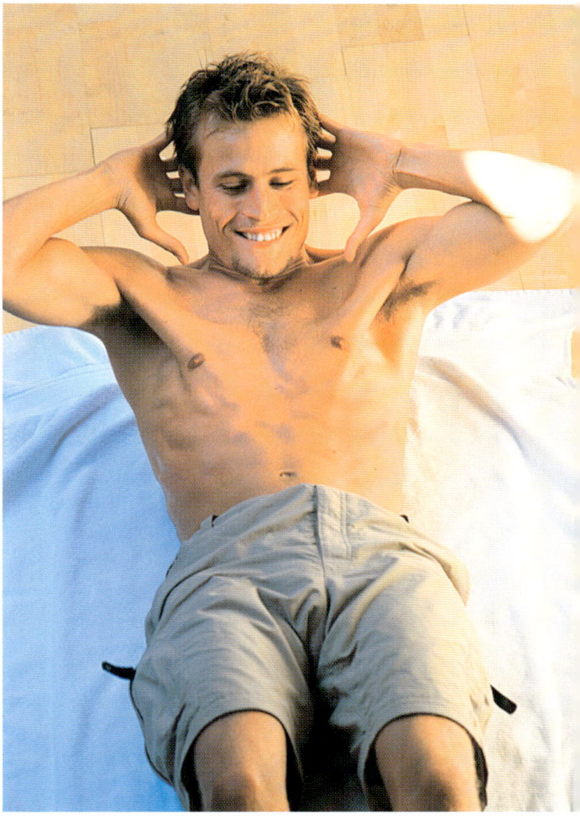

Muskeln sehen gut aus und machen schlank.

Vollkornbrot ist reich an Ballaststoffen, Eiweißen und Kohlenhydraten.

Vorsicht vor Einfachzucker

Gerade Ausdauersportler sollten aber grundsätzlich Einfachzucker wie Cola, Weißbrot oder Honig vermeiden. Diese geben zwar schnelle Energie, erhöhen jedoch auch unverzüglich den Insulinspiegel. Und dieses Hormon Insulin sorgt wiederum für eine rapide Senkung des Blutzuckerspiegels und das macht hungrig. Sie haben die Wahl: Entweder immer wieder Zucker nachwerfen oder besser gleich darauf verzichten. Wenn Sie als Läufer jedoch Energie aus Ihren Fettdepots gewinnen möchten, dann lassen Sie lieber grundsätzlich die Finger vom Einfachzucker, denn Insulin senkt nicht nur den Blutzuckerspiegel, es blockiert auch noch den Fettstoffwechsel.
Unmittelbar nach dem Training sollten Sie Eiweiß und Kohlenhydrate tanken. Die Kohlenhydrate füllen die entleerten Glykogenspeicher wieder auf und die Aminosäuren sorgen für die Reparatur der beim Sport geschädigten Muskelzellen und regen das Muskelwachstum an. Nur wer ausreichend *Nahrungs*eiweiß aufnimmt kann *Muskel*eiweiß aufbauen. 1,5 bis 2 Gramm Eiweißaufnahme pro Kilogramm Körpergewicht gilt für Freizeitsportler als optimal. Gerade nach dem Sport ist die Fähigkeit der Aminosäurenaufnahme im Muskel besonders erhöht.
Die Kombination von Eiweiß mit Frucht- oder Milchzucker hat sich als besonders wertvoll erwiesen, weil Kohlenhydrate dann effektiver im Muskel eingelagert und Aminosäuren schneller in die Muskelzellen transportiert werden.

Was ist Eiweiß, was sind Aminosäuren?

Als (proteinogene) Aminosäuren werden Aminocarbonsäuren bezeichnet, die Bausteine der Proteine von Menschen sind. Oder anders herum ausgedrückt: Proteine sind aus Aminosäuren aufgebaute Eiweißkörper. Bisher sind 21 Aminosäuren bekannt, von denen acht als essenziell – also lebenswichtig – eingestuft werden, weil sie der Körper nicht selbst herstellen kann. Diese sind: Isoleuzin, Leucin, Lyzin, Methionin, Phenylalanin, Threonin, Tryptophan und Valin.
Quelle: www.wikipedia.de

Kraftsportler brauchen mehr Eiweiß

Wer Krafttraining macht, kann sogar schon während des Trainings mit Eiweiß-Shakes den Muskelstoffwechsel bedienen. Kraftsportler und Bodybuilder nehmen täglich teilweise bis 4 Gramm Eiweiß pro Kilogramm Körpergewicht zu sich.

Was spricht für Eiweißpulver?

Eiweißpulver ist pures Eiweiß. Je höher die biologische Wertigkeit (120 bis 140 ist optimal), umso hochwertiger ist das Produkt. Unmittelbar nach dem Sport ist die Proteinherstellung am effektivsten. Ein Eiweiß-Shake ist schnell gemacht. Und vor oder während dem Training – bei Kraftsport zu empfehlen – liegt ein Eiweiß-Shake deutlich weniger belastend im Magen als ein großes Stück Fleisch.

Ein weiterer Vorteil von hochwertigem Eiweißpulver ist die Vielfältigkeit der Aminosäuren. Die meisten Menschen ernähren sich aus Gewohnheit und Bequemlichkeit von gerade mal zehn verschiedenen Nahrungsmitteln. Auch ein Eiweißpulver ist eine Form der Bequemlichkeit, trägt aber zu einer ausgewogenen Eiweißbilanz bei. Zusätzlich zu einer eiweißreichen Kost trinke ich täglich einen bis zwei Eiweiß-Shakes als Zwischenmahlzeit oder direkt nach intensivem Sport.

Ein Eiweiß-Shake ist schnell zubereitet.

Dosierung eines Eiweiß-Shakes

Als Eiweißschub nach dem Training nehme ich zwei gehäufte Esslöffel Eiweißpulver in ca. 250 ml fettarmer Milch mit einem Spritzer Honig. So bleibt noch genug Appetit und Platz im Bauch, um mittags oder abends mit der Familie die normalen Mahlzeiten einzunehmen. Wenn der Eiweiß-Shake allerdings eine Mahlzeit ersetzen soll, dann mixe ich drei gehäufte Esslöffel Eiweißpulver auf ca. 350 ml fettarme Milch mit einer halben bis ganzen reifen Banane. In einer Küchenmaschine gemixt ergibt dies einen leckeren, leicht schaumigen Shake. Lassen auch Sie es sich schmecken!

Haferflocken, Haferkleie und Amaranth-Popcorn

Müsli – ein gesunder Start in den Tag

»Der Mensch ist, was er isst«. Das wusste schon Ludwig Feuerbach im Jahre 1850. Für Läufer bedeutet dies: gesündere Ernährung = bessere Leistung.
Meine Familie ernährt sich möglichst vollwertig. Dem Frühstück kommt dabei eine entscheidende Bedeutung zu. Beliebt und nie langweilig ist unsere Müslikreation, bei vielen Kunden inzwischen als Laufcampus-Müsli bekannt, das wir in zwei Variationen zubereiten. Für beide gilt das gleiche Grundrezept. Für 3 bis 4 Personen nehmen wir:

Laufcampus-Müsli – das Grundrezept

- 6 Esslöffel kernige Haferflocken
- 3 Esslöffel Haferkleie
- 4 Esslöffel Amaranth-Popcorn

Diese Menge setzen wir abends mit etwas frischer fettarmer Milch in einer mittelgroßen Schüssel an und stellen diese über Nacht in den Kühlschrank. Die Haferflocken werden weich, der Magen kann die Ballaststoffe so besser verdauen und die langkettigen Kohlenhydrate in Form von Glykogen bequemer in Muskeln und Leber einlagern.

Variation A: Laufcampus-Müsli mit Nüssen, Kernen und Rosinen

Am Morgen portionieren wir die Grundmasse in kleinen Dessertschüsseln und geben hinzu:

- 2–3 zerkleinerte Walnüsse
- 8–10 Cashewkerne
- 1–2 Esslöffel ungeschwefelte Rosinen

Nüsse, Kerne und Rosinen sind wertvolle Nährstoff- und Geschmacksträger.

- 1 Esslöffel Kürbiskerne
- 1 Esslöffel Sonnenblumenkerne

Das Müsli ist jetzt fertig und braucht nur noch mit frischer, fettarmer Milch oder Vollmilch verlängert werden. Das Müsli kommt ganz ohne Zucker aus. Die Süße kommt allein von den Rosinen.

Variation B: Laufcampus-Müsli mit Joghurt und Apfel

In die große Schüssel mit der Müsli-Grundmasse geben wir hinzu:

- ca. 350 ml fettarmen Joghurt
- 5-6 zerkleinerte Walnüsse
- 2 Esslöffel Rosinen
- 1 Esslöffel Akazienhonig

Zum Schluss wird ein in der Küchenmaschine zerkleinerter Apfel hinzugegeben. Fertig ist die Joghurt-Apfel-Variante.

Müsli ist, wie Laufen, täglich zu empfehlen.

Was macht dieses Müsli so besonders wertvoll?

Nüsse sind reich an ungesättigten Fetten. Ungesättigte Fette sind essenzielle Fette, weil sie der Körper - im Gegensatz zu den gesättigten Fetten - nicht selbst herstellen kann. Für die Aufnahme von fettlöslichen Vitaminen wie A, D und E braucht der Körper diese unbedingt.

Kürbiskerne, Amaranth und **Cashewkerne** sind wahre Magnesiumbomben. Pro 100 Gramm haben Cashewkerne ca. 260 mg, Amaranth ca. 310 mg und Kürbiskerne sogar ca. 510 mg Magnesium. Magnesium ist das Leistungsmineral und damit für Läufer besonders wichtig. Magnesium weitet die Blutgefäße und erhöht damit die Blutfließeigenschaften. Magnesium fördert auch die Regeneration. Da der Körper beim Schwitzen viel Magnesium verliert, müssen Läufer besonders auf den Magnesiumgehalt der Nahrung achten.

Kürbiskerne sind u.a. reich an Zink. Pro 100 Gramm haben Kürbiskerne ca. 8,5 mg - nur Austern haben deutlich mehr (86 mg). Das Spurenelement Zink stärkt das Immunsystem - nach hartem Training besonders wichtig - und hilft bei der Umwandlung von Nahrungseiweiß in körpereigenes Eiweiß.

Sonnenblumenkerne enthalten Eiweiß, Vitamin E und ungesättigtes Fett. Sie sind cholesterinfrei und enthalten das für Läufer ebenfalls sehr wichtige Eisen.

Haferflocken und **Haferkleie** haben viele Ballaststoffe, sind reich an langkettigen Kohlenhydraten und verfügen ebenfalls über reichlich Magnesium und Zink.

TIPPS FÜR EINE GESUNDE UND FETTÄRMERE ZUBEREITUNG

Ich weiß nicht wie Sie es halten, aber ich koche sehr gerne. Dabei lasse ich mich des Öfteren von guten Kochbüchern neu anregen. Deren Autoren verwenden leider häufig fetthaltige Dickmacher, für die es aber gesunde und geschmacklich interessante Alternativen gibt.

- **Statt Crème Fraiche nehme ich fettreduzierten Frischkäse.**
- **Zum Anbraten nehme ich statt Butter gutes Olivenöl.**
- **Desserts gibt es bei uns mit fettreduziertem statt vollfettem Joghurt. Gleiches gilt für Quarkspeisen, bei denen ich die Magerstufe statt Quark mit 20 % oder gar 40 % Fett verwende.**
- **Vieles schmecke ich mit Gemüsebrühe ab statt mit Wein.**
- **Nudeln koche ich grundsätzlich nur in Gemüsebrühe. Diese werden dann so geschmackvoll, dass sie sogar ohne Soße lecker sind.**
- **Bei Kuchenrezepten ersetze ich 1/3 der empfohlenen Buttermenge durch Magerquark.**
- **Vollkornnudeln bekommen bei mir immer den Vorzug. Sie sind gesünder, schmecken besser und machen schneller satt.**

Hier noch unsere Lieblingsspeisen für drei Personen:

Nudeln mit Lachs

- 400 g Bandnudeln nach Anweisung in Gemüsebrühe garen
- ¼ l Gemüsebrühe in einer Pfanne erhitzen
- 400 g in Würfel geschnittenen frischen Lachs dazugeben und gar ziehen lassen
- nun die Sauce mit 2 Esslöffeln mageren Frischkäse (5 % Fettanteil) binden
- 1 Teelöffel Kapern dazu und
- mit frischem Dill bestreuen

Die Nudeln auf die Teller geben, Sauce und Fisch darauf verteilen und noch heiß verzehren. Das schmeckt!

Zweimal wöchentlich Seefisch ist optimal.

Quarkspeise mit Obst

Auch das Lieblings-Sommerdessert von unserem Sohn ist schnell zubereitet:

- 250 g Magerquark
- 100 g fettarmen Joghurt
- 1 Esslöffel Akazienhonig

Alles pürieren und frisches, klein geschnittenes Obst der Saison untermengen. Bei uns sind dies im Sommer meistens Erdbeeren.

Der Autor

Andreas Butz, geb. 1965, ist Management- und Sporttrainer. Nach einer erfolgreichen Managementkarriere hat er im Jahr 2002 sein Hobby Laufen zum Beruf gemacht. Seither gibt Andreas Butz seine Erfahrungen als Trainer für Führungskräfte, Hobby- und Leistungssportler, in Firmenseminaren und in zahlreichen Publikationen weiter. Unter www.laufcampus.com betreibt er eine der beliebtesten Internetseiten für Ausdauersportler. In Euskirchen und Rheinbach bietet der Autor Leistungsdiagnostik und Sportberatung an.

Ich bedanke mich herzlich bei meinen Partnern für die Unterstützung bei diesem Buchprojekt:

Amer Sports Europe GmbH
www.suunto.de
Brooks Sports GmbH
www.brooksrunning.de
Mauel's Backstube GmbH
www.mauels-backstube.de
Polar Deutschland GmbH
www.polar-deutschland.de
Seeberger KG
www.seeberger.de
Senslab GmbH
www.senslab.de
Tao Sportswear
www.tao.info
UVEX WINTER HOLDING GmbH & Co. KG
www.uvex.de

Bibliographische Information der Deutschen Bibliothek

Die Deutsche Bibliothek verzeichnet diese Publikation in der Deutschen Nationalbibliographie; detaillierte bibliographische Daten sind im Internet über http://dnb.ddb.de abrufbar.

BLV Buchverlag GmbH & Co.KG
80797 München

Bildnachweis:
Alle Fotos von Photographica /Nadine Michels, außer:
Gonseth, Andreas: S. 2/3, 7, 47; Jupiter: S. 89; Mauritius: S. 79; Polar: S. 23

Grafiken: Jörg Mair, München

Umschlagfotos:
Vorderseite: Masterfile/Strauss/Curtis (oben); Brooks (unten)
Rückseite: Andreas Gonseth

Lektorat: Maritta Kremmler
Herstellung: Angelika Tröger
Layoutkonzept Innenteil: Sabine Fuchs, fuchs_design, Ottobrunn
Layout und Satz: Uhl + Massopust GmbH, Aalen

Gedruckt auf chlorfrei gebleichtem Papier

Printed in Germany
ISBN 978-3-8354-0129-7

Hinweis
Das vorliegende Buch wurde sorgfältig erarbeitet. Dennoch erfolgen alle Angaben ohne Gewähr. Weder Autor noch Verlag können für eventuelle Nachteile oder Schäden, die aus den im Buch vorgestellten Informationen resultieren, eine Haftung übernehmen.

Eine kleine Auswahl aus unserem großen Programm

Ute Witt/Barbra Noh
Yoga – Körper und Seele im Einklang
Das einzigartig schöne Yoga-Buch, das die Lebensqualität steigert: rund 100 Asanas (Körperhaltungen) und spezielle Atemtechniken – mit vier Übungsserien zur Zusammenstellung eines persönlichen Wohlfühlprogramms.
ISBN 978-3-8354-0119-8

Jerry Goldberg
Autogenes Training
Entspannt und ausgeglichen, selbstbewusst und stark, klar und konzentriert, glücklich und zufrieden: der Grundkurs für Ruhe und innere Kraft in nur 4 Wochen; mit geführten Übungen auf CD.
ISBN 978-3-8354-0046-7

Nicolaus Klein
Meditation – Das Praxisbuch
Grundlagen und Wirkung auf Körper, Geist, Psyche und Gesundheit; Meditation im Sitzen, Stehen, Liegen und in Bewegung; mit CD zum Üben: 4 geführte Meditationen.
ISBN 978-3-405-16934-3

Anja Schwarz/Aljoscha Schwarz
Muskelentspannung nach Jacobson
Einfach, wirksam, schnell erlernbar – eine der bewährtesten Methoden zur Stressbewältigung: Tiefenentspannung für Körper und Seele durch das gezielte Anspannen und Entspannen einzelner Muskeln. Mit geführten Übungen auf CD.
ISBN 978-3-8354-0136-5

Dr. Petra Mommert-Jauch/
Monika Schäfer
Der Nacken – gesund und schmerzfrei
Alles, was man wissen muss – gut strukturiert, leicht verständlich, bestens aufbereitet: Ursachen von Nackenproblemen, Körperwahrnehmung, Bewegungsmuster im Alltag; Muskulatur entspannen, mobilisieren, dehnen und kräftigen.
ISBN 978-3-8354-0092-4

Die zuverlässigen Berater

BLV Bücher bieten mehr:

- mehr Wissen
- mehr Erfahrung
- mehr Innovation
- mehr Praxisnutzen
- mehr Qualität

Denn 60 Jahre Ratgeberkompetenz sind nicht zu schlagen!

Dass Sie sich gut beraten fühlen – das ist unser Ziel. Falls Sie Fragen und/oder Anregungen haben, schreiben Sie uns bitte:

BLV Buchverlag GmbH & Co. KG
Lektorat · Lothstraße 19
80797 München
Postfach 40 02 20
80702 München
Telefon 089/12 02 12 - 0 · Fax -121
E-mail: blv.verlag@blv.de

Unser Buchprogramm umfasst über 750 Titel zu den Themen **Garten · Natur · Heimtiere · Jagd · Angeln · Sport · Golf · Reiten · Alpinismus · Fitness · Gesundheit · Kochen.** Ausführliche Informationen erhalten Sie unter **www.blv.de**

blv
Mehr Erlesen!